全国交通运输职业教育教学指导委员会规划教材
教育部中等职业教育汽车专业技能课教材

汽车涂装基础

Qiche Tuzhuang Jichu

全国交通运输职业教育教学指导委员会
中国汽车维修行业协会　　组织编写

易建红　主　编

人民交通出版社股份有限公司
China Communications Press Co.,Ltd.

内 容 提 要

本书为全国交通运输职业教育教学指导委员会规划教材,全书共九个学习任务,内容包括:汽车表面的清洁、汽车表面的前处理、汽车底漆的施工、汽车原子灰的施工、汽车中涂底漆的施工、汽车面漆的调色、汽车面漆的施工、汽车面漆的休整、汽车塑料件的涂装。

本书可作为中等职业学校汽车美容与装潢专业的教材,也可供汽车美容从业人员及相关技术人员参考阅读。

图书在版编目(CIP)数据

汽车涂装基础 / 易建红主编. —北京:人民交通出版社股份有限公司,2017.4

全国交通运输职业教育教学指导委员会规划教材. 教育部中等职业教育汽车专业技能课教材

ISBN 978-7-114-12262-0

Ⅰ.①汽… Ⅱ.①易… Ⅲ.①汽车—涂漆—中等专业学校—教材 Ⅳ.①U472.44

中国版本图书馆CIP数据核字(2015)第115106号

书　　　名:	汽车涂装基础
著 作 者:	易建红
责任编辑:	刘　洋
出版发行:	人民交通出版社股份有限公司
地　　　址:	(100011)北京市朝阳区安定门外外馆斜街3号
网　　　址:	http://www.ccpcl.com.cn
销售电话:	(010)59757973
总 经 销:	人民交通出版社股份有限公司发行部
经　　　销:	各地新华书店
印　　　刷:	北京市密东印刷有限公司
开　　　本:	787×1092　1/16
印　　　张:	12.75
字　　　数:	285千
版　　　次:	2017年4月　第1版
印　　　次:	2023年2月　第5次印刷
书　　　号:	ISBN 978-7-114-12262-0
定　　　价:	30.00元

(有印刷、装订质量问题的图书由本公司负责调换)

编审委员会

主　　任：王怡民(浙江交通职业技术学院)

副 主 任：刘建平(广州市交通运输职业学校)　　杨经元(云南交通技师学院)
　　　　　赵　琳(北京交通运输职业学院)　　　张京伟(中国汽车维修行业协会)
　　　　　陈文华(浙江交通职业技术学院)　　　王凯明(中国汽车维修行业协会)

特邀专家：朱　军(中国汽车维修行业协会)　　　魏俊强(北京祥龙博瑞汽车服务有限公司)
　　　　　张小鹏(庞贝捷漆油(上海)有限公司)　刘　亮(麦特汽车服务股份有限公司)

委　　员：(按姓氏笔画排序)
　　　　　毛叔平(上海市南湖职业学校)　　　　王　健(贵阳市交通技工学校)
　　　　　王彦峰(北京交通运输职业学院)　　　王　强(贵州交通职业技术学院)
　　　　　占百春(苏州建设交通高等职业技术学校)　刘新江(四川交通运输职业学校)
　　　　　刘宣传(广州市公用事业技师学院)　　齐忠志(广州市交通运输职业学校)
　　　　　吕　琪(成都工业职业技术学院)　　　李　青(四川交通运输职业学校)
　　　　　李雪婷(成都汽车职业技术学校)　　　李春生(广西交通技师学院)
　　　　　李文慧(新疆交通职业技术学院)　　　李　晶(武汉市东西湖职业技术学校)
　　　　　陈　虹(浙江交通技师学院)　　　　　陈文均(贵州交通技师学院)
　　　　　陈社会(无锡汽车工程中等专业学校)　张　炜(青岛交通职业学校)
　　　　　杨永先(广东省交通运输高级技工学校)　杨承明(杭州技师学院)
　　　　　杨建良(苏州建设交通高等职业技术学校)　杨二杰(四川交通运输职业学校)
　　　　　陆松波(慈溪市锦堂高级职业中学)　　何向东(广东省清远市职业技术学校)
　　　　　邵伟军(杭州技师学院)　　　　　　　周志伟(深圳市宝安职业技术学校)
　　　　　林育彬(宁波市鄞州职业高级中学)　　易建红(武汉市交通学校)
　　　　　林治平(厦门工商旅游学校)　　　　　胡建富(浙江交通技师学院)
　　　　　赵俊山(济南第九职业中等专业学校)　赵　颖(北京交通运输职业学院)
　　　　　荆叶平(上海市交通学校)　　　　　　郭碧宝(广州市交通技师学院)
　　　　　姚秀驰(贵阳市交通技工学校)　　　　崔　丽(北京市丰台区职业教育中心学校)
　　　　　曾　丹(佛山市顺德区中等专业学校)　蒋红梅(重庆市立信职业教育中心)
　　　　　喻　媛(柳州市交通学校)

秘 书 组：李　斌　翁志新　戴慧莉　刘　洋(人民交通出版社股份有限公司)

前言 Preface

为深入贯彻落实全国职业教育工作会议精神和《国务院关于加快发展现代职业教育的决定》，促进职业教育专业教学科学化、标准化、规范化，教育部组织制定了《中等职业学校专业教学标准（试行）》。全国交通运输职业教育教学指导委员会具体承担了汽车运用与维修（专业代码082500）、汽车车身修复（专业代码082600）、汽车美容与装潢（专业代码082700）、汽车整车与配件营销（专业代码082800）4个汽车类专业教学标准的制定工作。

根据教育部《关于中等职业教育专业技能课教材选题立项的函》（教职成司函【2012】95号）文件精神，人民交通出版社申报的上述4个汽车类专业技能课教材选题成功立项。

2014年10月，人民交通出版社联合全国交通运输职业教育教学指导委员会、中国汽车维修行业协会在北京召开了"教育部中等职业教育汽车专业技能课教材编写会"，并成立了由全国交通运输职业教育教学指导委员会领导、中国汽车维修行业协会领导、知名汽车维修专家及院校教师组成的教材编审委员会。会上，确定了4个汽车类专业34本教材的编写团队及编写大纲，正式启动了教材编写。

教材的组织编写，是以教育部组织制定的4个汽车类专业教学标准为基本依据进行的。教材从编写到成稿形成以下特色：

1. "五位一体"的编审团队。从组织编写之初，就本着"高起点、高标准、高要求"的原则，成立了由国内一流的院校、一流的教师、一流的专家、一流的企业、一流的出版社组成的五位一体的编审团队。

2. 精品化的内容。编审团队认真总结了中职院校的优秀教学成果，结合了企业的职业岗位需求，吸收了发达国家的先进职教理念。教材文字精练、插图丰富，尤其是实操性的内容，配了大量实景照片。

3. 理实一体的编写模式。教材理论内容浅显易懂，实操内容贴合生产一线，将知识传授、技能训练融为一体，体现"做中学、学中做"的职教思想。

4.覆盖全国的广泛适用性。本套教材充分考虑了全国各地院校的分布和实际情况,涉及的车型和设备具有代表性和普适性,能满足全国绝大多数中职院校的实际需求。

5.完善的配套。本套教材包含"思考与练习"、"技能考核标准",并配有电子课件和微视频,以达到巩固知识、强化技能、易教易学的目的。

《汽车涂装基础》是本套教材中的一本。与传统同类教材相比,本书以汽车维修涂装为主,以汽车制造涂装为辅,以汽车涂装的工作过程为顺序,紧密结合实际工作岗位要求,以典型的工作任务为学习情境,通过任务引领的方式,图文并茂地介绍了汽车涂装的基础知识和基本技能。

参与本书编写的有武汉市交通学校的易建红、向忠国、李和平以及庞贝捷(上海)漆油贸易有限公司的张小鹏和王小蜀,全书由易建红担任主编。

限于编者水平,又是完全按照新的教学标准编写,书中难免有不当之处,敬请广大院校师生提出意见建议,以便再版时完善。

编审委员会
2016 年 3 月

目 录
Contents

项目一　汽车表面涂装前处理　　1
　学习任务1　汽车表面的清洁　　1
　　一、理论知识准备　　2
　　二、任务实施　　9
　　三、学习拓展　　13
　　四、评价与反馈　　15
　　五、技能考核标准　　16
　学习任务2　汽车表面的前处理　　17
　　一、理论知识准备　　18
　　二、任务实施　　23
　　三、学习拓展　　36
　　四、评价与反馈　　37
　　五、技能考核标准　　39

项目二　汽车面漆前的涂装　　41
　学习任务3　汽车底漆的施工　　41
　　一、理论知识准备　　42
　　二、任务实施　　45
　　三、学习拓展　　60
　　四、评价与反馈　　62
　　五、技能考核标准　　64
　学习任务4　汽车原子灰的施工　　65
　　一、理论知识准备　　66
　　二、任务实施　　68
　　三、学习拓展　　82
　　四、评价与反馈　　83
　　五、技能考核标准　　85
　学习任务5　汽车中涂底漆的施工　　86

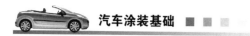

　　一、理论知识准备 …………………………………… 87
　　二、任务实施 ……………………………………… 91
　　三、学习拓展 ……………………………………… 102
　　四、评价与反馈 …………………………………… 103
　　五、技能考核标准 ………………………………… 105

项目三　汽车面漆的涂装 …………………………… 107

学习任务6　汽车面漆的调色 …………………… 107
　　一、理论知识准备 ………………………………… 108
　　二、任务实施 ……………………………………… 112
　　三、学习拓展 ……………………………………… 121
　　四、评价与反馈 …………………………………… 125
　　五、技能考核标准 ………………………………… 126

学习任务7　汽车面漆的施工 …………………… 127
　　一、理论知识准备 ………………………………… 128
　　二、任务实施 ……………………………………… 132
　　三、知识与能力拓展 ……………………………… 141
　　四、评价与反馈 …………………………………… 146
　　五、技能考核标准 ………………………………… 148

学习任务8　汽车面漆的修整 …………………… 149
　　一、理论知识准备 ………………………………… 150
　　二、任务实施 ……………………………………… 166
　　三、学习拓展 ……………………………………… 171
　　四、评价与反馈 …………………………………… 176
　　五、技能考核标准 ………………………………… 178

项目四　汽车塑料件的涂装 ………………………… 179

学习任务9　汽车保险杠的涂装 ………………… 179
　　一、理论知识准备 ………………………………… 180
　　二、任务实施 ……………………………………… 185
　　三、学习拓展 ……………………………………… 192
　　四、评价与反馈 …………………………………… 193
　　五、技能考核标准 ………………………………… 195

参考文献 ……………………………………………… 196

项目一　汽车表面涂装前处理

学习任务1　汽车表面的清洁

 学习目标

 知识目标

1. 明确汽车涂装的概念及作用；
2. 明确汽车涂装对环境的危害及处理方法；
3. 掌握汽车涂装对人体的危害及防护方法；
4. 掌握汽车涂装中的防火防爆安全措施。

技能目标

1. 能完成常用工具设备材料的使用及维护；
2. 能完成汽车表面的清洗与除油。

建议课时

6课时。

 任务描述

一辆汽车在行驶过程中发生了碰撞，右前翼子板出现了轻微的变形，经钣金校正后，现在需要对被破坏的油漆涂层进行维修，以恢复原来的形状、颜色、光泽等各种性能。

在维修预检时，发现汽车表面积有大量的灰尘和油污(图1-1)，请先对汽车表面进行规范的清洁处理(图1-2)，再进行后续的涂装维修工作。

图 1-1　清洁除油前的汽车

图 1-2　清洁除油后的汽车

一　理论知识准备

1　汽车涂装的概念及作用

汽车涂装是指将涂料涂覆于经过处理的汽车车身及其零部件表面,再经过干燥成膜的工艺过程。

已经固化了的涂料膜称为涂膜(俗称漆膜),由两层或两层以上的涂膜组成的复合层称为涂层。

汽车经过涂装后,可以起到以下作用:

(1)保护作用。汽车用途广泛,活动范围大,使用环境复杂,经常会受到雨水、微生物、紫外线和其他酸碱气体、液体等的侵蚀(图1-3),有时还会出现碰撞、刮擦而造成损伤,正是由于在汽车的表面上进行了涂装,才能保护汽车免受直接侵害,延长汽车的使用寿命。

(2)装饰作用。现代汽车不仅是实用的交通运输工具,而且更是一种工艺美术品,具有很强的艺术性。绚丽的色彩与优美的线形融为一体,构成了汽车的造型艺术(图1-4),使汽车具有更佳的艺术美感,从而提升了车辆的使用及商业价值。

图 1-3　涂料的保护作用

图 1-4　涂料的装饰作用

(3)特殊作用。某些涂装可以通过涂料的颜色或涂料的某些性能来达到特殊的作用。如可以通过不同颜色来起到标识作用(图1-5);通过不同的颜色和图案的配合来区别不同用途的汽车(图1-6);通过涂料的某些特殊性能,使汽车具有特殊功用来完成特种作业或适应特定的使用条件(图1-7)等。

图1-5 消防车　　　　　图1-6 救护车　　　　　图1-7 化学物品储运车

❷ 汽车涂装对环境的危害及处理方法

汽车在涂装作业过程中,会形成"三废",即废水、废气和废渣。废水主要是在涂装作业中用水进行清洁、前处理、打磨和喷涂时生成的;废气主要是喷涂过程中形成的漆雾、涂料挥发形成的气体、打磨过程中形成的粉尘等;废渣主要是涂装过程中产生的漆雾颗粒、打磨的粉尘颗粒、使用过的废纸废布、废弃稀释剂和废弃涂料等。

"三废"里面含有大量的酸碱物质、重金属物质和化学物质等,如果不经处理,直接排放或丢弃,会严重污染我们的生存环境,影响人类健康。现在各国都制定了严格的环保措施,我国对于涂装作业中"三废"的处理也有相应的规定,其处理方法如下:

(1)废水的处理。我国对于工业废水的处理分为三个等级,等级数值越大处理力度越大(表1-1)。

工业废水的处理方法　　　　　　　　　　表1-1

处理等级	处理方法
一级处理	用机械的方法或者简单的化学方法进行预处理,使废水中的悬浮物或者胶状物沉淀分离,并中和溶液的酸碱度
二级处理	主要是解决可以分解或者可以氧化的有机物及部分固体悬浮物的污染。常常采用生物化学分解废水中的有机物,或者添加凝聚剂使悬浮固体物凝聚分离。经过二级处理后,水质可以明显改善,大部分可以达到排放标准
三级处理	是深度处理,主要处理难分解的有机物。处理方法有活性炭吸附、离子交换、电渗析、反渗透和化学氧化等。通过三级处理,废水达到地面水、工业用水或生活用水的水质标准

(2)废气的处理。废气的处理方法有活性炭吸附法、催化燃烧法、液体吸附法和直接燃烧法等(表1-2),汽车涂装行业主要采用的是活性炭吸附法和液体吸附法。

废气的处理方法　　　　　　　　　　　　表1-2

处理方法	原理
活性炭吸附法	利用活性炭作为物理吸附剂,将有机物吸附在其表面,使废气净化。具有吸附能力的物质还有氧化硅、氧化铝等,其中以活性炭应用最广泛
催化剂燃烧法	利用催化剂使废气中可燃物质在较低温度下氧化分解成二氧化碳和水,使废气净化
液体吸附法	利用吸收液吸收废气中的有机溶剂使废气净化
直接燃烧法	将含有有机溶剂气体的混合气直接燃烧生成水和二氧化碳,放出的热量还可用于涂膜干燥,是一种经济简便的废气处理方法

（3）废渣的处理。对于涂装工作中产生的废渣应该经分类及循环使用后，无法再使用的应先分类单独存放在隔离火源、热源的地方，再定期交由具备国家环保资质的专业废弃物处理中心进行处理。

提示：涂装废弃物不能与普通垃圾一同存放及处理，对于固体废弃物的具体处理方法可参考《中华人民共和国固体废物污染环境防治法》。

3 汽车涂装对人体的危害及防护方法

汽车涂装作业过程中对人体有危害的物质主要有三类：挥发性气体、粉尘颗粒、异氰酸酯。挥发性气体主要是涂料中的有机溶剂挥发形成的气体；粉尘颗粒主要指打磨时的粉尘或喷涂时形成的漆雾；异氰酸酯是聚氨酯涂料所使用的固化剂中的主要物质。它们对人体部位的影响如图1-8所示。

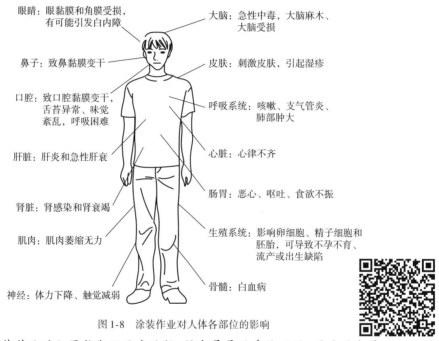

图1-8 涂装作业对人体各部位的影响

提示：涂装作业时如果长期不注意防护，很容易导致身体不适，严重的会导致职业病。但是如果相关人员能正确规范地进行防护，以上危害是可以避免的。

汽车涂装工作时要注意个人防护，常用的个人防护用品如表1-3所示。

汽车涂装个人防护用品　　　　　　表1-3

防护用品种类		作用及用途
工作服	普通工作服	一般为棉质工作服，主要保护操作人员免受粉尘、漆雾的侵害，防止擦伤、磨伤等，在除喷漆之外的一般工作时选用

续上表

防护用品种类		作用及用途
工作服	喷漆专用服	一般为无纺布材质,可以有效防护有害物质对人体的侵害,避免吸附灰尘,避免因为静电导致的安全问题,专门用于喷涂作业时使用
护目镜		保护眼睛,防止打磨时产生的粉尘或喷漆时的漆雾及溶剂对眼睛的伤害。在整个施工过程中都要求佩戴
安全鞋		在鞋尖上有一块金属板,鞋后跟很厚,在工作过程中可以有效保护双脚。在整个施工过程中都要求穿戴。对于经常出入溶剂挥发气体含量较高的场所,还应该选择具有防静电功能的安全鞋
呼吸保护器	防尘面罩	是一种罩在鼻子和嘴上的纸质或纤维质地的过滤器,能够阻挡通过空气传播的微粒,避免有害的粉尘粒子进入施工人员的鼻腔、咽喉和肺。一般在打磨、清洁以及会产生微粒和粉尘的工作时选用
	防毒面罩 过滤式面罩	通过过滤棉和活性炭粒子能够过滤掉防尘口罩所不能阻挡的细微粒子、烟雾以及有机溶剂挥发气体,可以隔绝单组分油漆以及其他非异氰酸酯类材料的蒸气和喷雾。在除油、洗枪、涂料调色、刮灰和喷涂不含异氰酸酯类涂料时可以选用
	防毒面罩 供气式面罩	通过将头部全部罩住来隔绝周围受过污染的空气,再通过有效过滤压缩空气,给施工人员清洁、新鲜的空气,从而达到防护的目的。供气式面罩是目前最为安全的呼吸保护方式,建议在喷涂所有类型的底漆、密封材料和涂料时都使用这种面罩,在喷涂含有异氰酸酯类材料的涂料时则必须佩戴供气式面罩
手套	棉手套	棉线或棉质材料制成,能够保护施工人员的手部,防止划伤、磨损及污染。在打磨、清洁、移动工件或使用工具时选用
	橡胶手套	能够防止有机溶剂通过皮肤吸入人体内,在与溶剂、涂料接触时使用。一般有薄型和厚型两种,与溶剂或涂料直接接触时应选用厚型的耐溶剂橡胶手套,如除油、洗枪等作业;如果是在操作中可能会间接接触到溶剂或涂料时,可以选用薄型的乳胶橡胶手套,如调漆、喷漆作业时等
耳塞		保护听力。在打磨或喷涂等噪声较大的操作中佩戴

在汽车修补涂装工作中,个人防护用品的选择如表1-4所示。

汽车涂装工作中的防护用品选择　　　　表1-4

任务名称	可能危险	棉质工作服	防静电喷漆服	安全鞋	护目镜	供气式面罩	过滤式面罩	防尘面罩	棉线手套	耐溶剂手套	乳胶手套	耳塞	工作帽
清洗	打湿身体	☺		☺	☺						☺		☺
除油	吸入有机气体、眼睛、皮肤接触化学品	☺		☺	☺					☺			☺
化学方法除漆除锈	吸入有机气体、眼睛、皮肤接触化学品	☺		☺	☺		☺			☺			☺
物理方法除漆除锈	可能吸入打磨粉尘	☺		☺	☺			☺	☺			☺	☺
原子灰混合及刮涂	吸入有机气体、眼睛、皮肤接触化学品	☺		☺	☺						☺		☺
强制干燥	烫伤	☺		☺	☺				☺				☺
干打磨	吸入化合物及粉尘	☺		☺	☺			☺				☺	☺
贴护	一般防护	☺		☺									☺
调色	吸入有机气体、眼睛、皮肤接触化学品	☺		☺	☺		☺				☺		☺
混合或搅拌油漆	吸入有机气体、眼睛、皮肤接触化学品	☺		☺	☺		☺			☺			☺
喷涂油漆	吸入有机气体、眼睛、皮肤接触化学品		☺	☺		☺				☺			☺
清洗喷枪	吸入有机气体、眼睛、皮肤接触化学品	☺		☺	☺					☺			☺
抛光打蜡	吸入有机气体、眼睛、皮肤接触化学品	☺		☺	☺				☺		☺		☺
清洁	吸入有机气体、眼睛、皮肤接触化学品	☺		☺	☺				☺	☺	☺		☺

注:表中"☺"标志为选择项。

汽车涂装操作人员除了掌握防护用品的正确选择和使用外,还应注意以下几点:

①施工场地应该有良好的通风或排风设备,使空气流通,加速有毒有害物质的散发。

②施工时如果感到头痛、眩晕、心悸、恶心等身体不适时,应该立即停止工作,到室外空气清新的地方稍作休息,严重时应该及时治疗。

③长期接触飞漆和有机溶剂气体的人,如果防护措施不当,有可能发生慢性中毒,所以涂装施工人员要定期检查身体。发现有职业病迹象时,应该完善工作中的劳动保护措施,严重者建议调离工作岗位。

④有机溶剂蒸气可以通过皮肤渗入人体,因此在喷涂完毕后,要用肥皂洗脸和洗手,条件允许时,喷涂完毕后应该淋浴。为了保护皮肤,施工前暴露在外的皮肤要涂抹防护油膏,施工后洗干净,再涂抹润肤霜以保护皮肤。

⑤在施工场地,必须安装紧急淋浴器(图1-9),当溶剂或化学药品溅在眼睛或人体上时,应该立即进行冲洗,严重时应及时送往医院进行治疗。

⑥国标(GB 24409—2009)《汽车涂料中有害物质限量》对于汽车涂料中重金属含量、限用溶剂含量、VOC含量都做了明确规定。但即使对于符合国标规定的涂料,因为其含有少量重金属如铅、铬、镉,打磨时一定要注意防尘,同时因为涂料含有挥发性有机化合物(溶剂),喷涂时也要注意劳动防护。

图1-9 紧急淋浴器

⑦喷涂完毕后要多喝开水,以湿润气管,增强排毒能力。平时多喝牛奶,多吃水果,也有利于排毒。

④ 汽车涂装中的防火防爆措施

由于涂料绝大多数是易挥发、易燃烧的材料,在使用时,挥发的溶剂蒸气与空气混合达到一定浓度时,遇到明火还会发生爆炸,所以为了能安全生产、消除隐患,施工时还应该做好以下安全防火防爆的措施:

(1)所有相关工作人员上岗之前都要进行必要的防火安全知识培训,确保一旦遇到事故能正确地做出反应。

(2)施工场地要配备足够的消防灭火器材(图1-10),要严格按照规定进行检查及处理,防止在使用时失灵或失效。

(3)对施工中所用的涂料应及时整理,禁止敞口、随意存放。对用过的浸有涂料、溶剂的棉纱、碎布及遮蔽纸等易燃物,应该集中存放在封闭并且阻燃的金属桶内,防止材料因堆放过热而自燃。

(4)涂装车间严禁一切明火或会产生火花的作业,如吸烟、焊接、撞击、打磨、切割等。禁止携带火种进入涂装区和涂料库房,消除发生火灾的隐患。

(5)施工现场的电气设备必须有防爆装置、接地装置,避免产生电气火花而引发危险。

(6)涂装车间必须做到整齐有序,通风良好,减少空气中的有机溶剂气体的含量。

常见的火灾类型及其选用的灭火方法如表1-5所示。

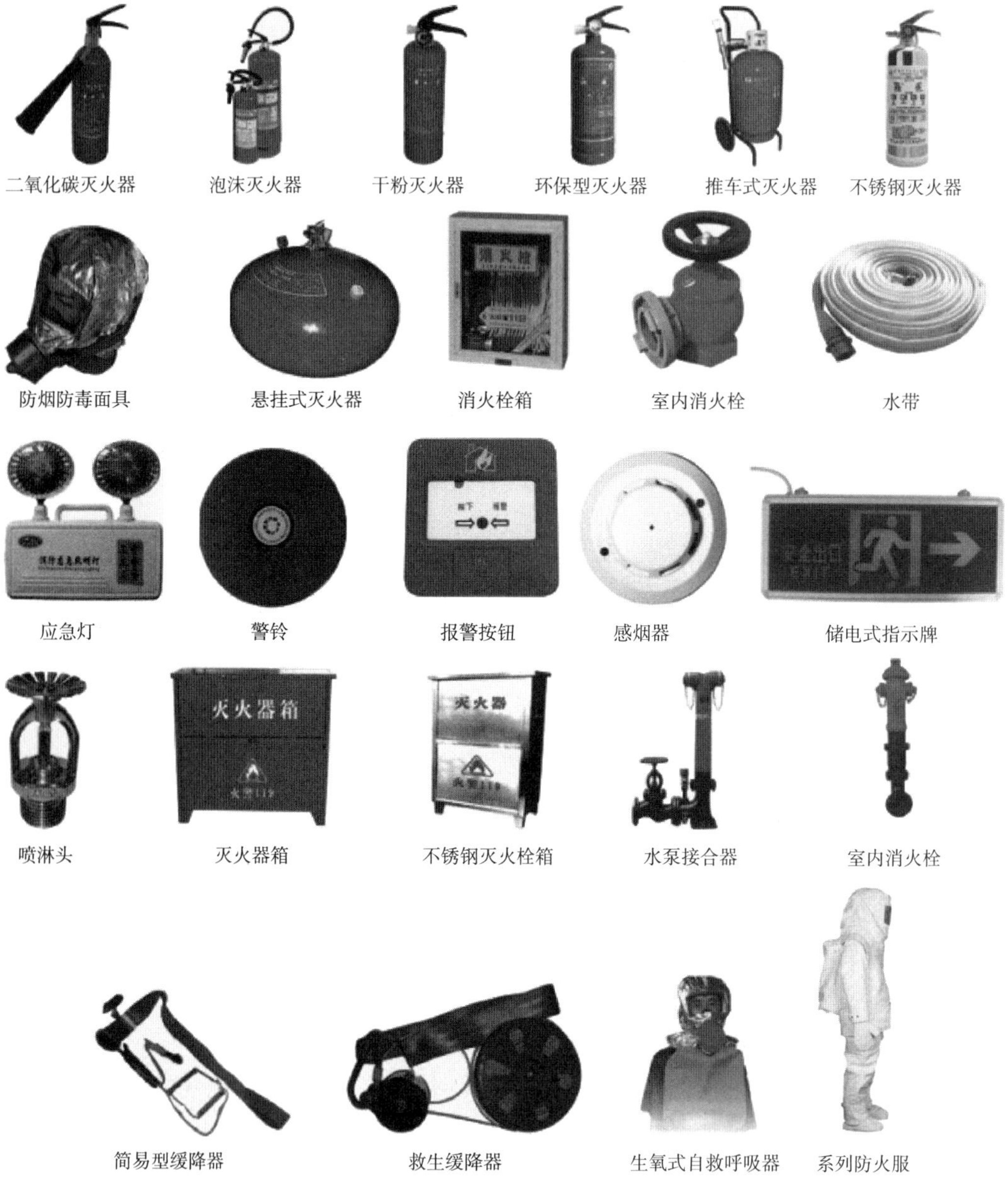

| 二氧化碳灭火器 | 泡沫灭火器 | 干粉灭火器 | 环保型灭火器 | 推车式灭火器 | 不锈钢灭火器 |

| 防烟防毒面具 | 悬挂式灭火器 | 消火栓箱 | 室内消火栓 | 水带 |

| 应急灯 | 警铃 | 报警按钮 | 感烟器 | 储电式指示牌 |

| 喷淋头 | 灭火器箱 | 不锈钢灭火栓箱 | 水泵接合器 | 室内消火栓 |

| 简易型缓降器 | 救生缓降器 | 生氧式自救呼吸器 | 系列防火服 |

图 1-10　常用消防器材

常见火灾类型及灭火方法　　　　　　　　　　　　　　表 1-5

序号	火灾类别	典型的燃料	适用的灭火器材类型
1	A 类火灾：指固体物质火灾。固体物质往往具有有机物性质，一般在燃烧时产生灼热的余烬	如木材、纸张、棉纱、碎布、橡胶、塑料、可燃材料等	如黄沙、清水、泡沫灭火器、多用途干粉灭火器、卤代烷 1211 灭火器等
2	B 类火灾：指液体火灾或可熔化的固体物质火灾	如汽油、润滑油、各类溶剂、油漆、石蜡等	如干粉灭火器、卤代烷 1211 灭火器、二氧化碳灭火器等

项目一　汽车表面涂装前处理

续上表

序号	火灾类别	典型的燃料	适用的灭火器材类型
3	C类火灾：指气体火灾	如煤气、天然气、甲烷、乙烷、丙烷、氢气等	如干粉灭火器、卤代烷1211灭火器、二氧化碳灭火器等
4	D类火灾：指金属火灾	如钾、钠、镁、铝镁合金	以氯化钠、氯化钾、氯化钡、碳酸钠等为基料的干粉灭火器或各类轻金属专用的灭火剂
5	E类火灾：带电火灾。物体带电燃烧的火灾	如空气压缩机、输漆泵、静电设备、仪器仪表、电动机等	如卤代烷1211灭火器、1301灭火器、干粉灭火器、二氧化碳灭火器等

提示：涂装施工操作中的安全文明生产和个人保护，是防止发生火灾、伤亡事故、职业病和保护操作人员身体健康的重要措施，作为涂装工作人员一定要严格遵守。

二　任务实施

1　表面清洁前的准备工作

1) 主要工具设备的准备

(1) 喷壶。用来喷涂清洁剂、除油剂的工具(图1-11)，可以使施工更加方便、快捷。喷涂除油剂用的喷壶应选用耐溶剂型产品，如果使用普通塑料喷壶容易泡涨之后堵塞喷头，影响使用。

(2) 风枪。利用压缩空气来吹干净工件上的水及浮尘的工具(图1-12)。通过风枪上的扳机可以控制出风量。

图1-11　喷壶　　　　　图1-12　风枪　　　　　图1-13　移动式清洗机

(3) 汽车清洗机。利用高压水流快速进行清洗的机器。汽车清洗机有很多种，在选择时可以根据规模和业务量的大小来选择，洗车量较小时可以选择移动式的清洗机(图1-13)，如果是大型专业的洗车美容店，可以选择固定式的清洗机(图1-14)。

(4) 泡沫清洗机。利用压缩空气将设备内调配好的清洗液以泡沫状喷射出去的机器(图1-15)。泡沫清洗机可以大面积、快速地喷洒清洗液，提高了工作效率，减少了工作量。

(5) 吸尘器。吸尘器的作用是将汽车或工件内的灰尘、脏物及碎屑吸除干净(图1-16)。

图 1-14　固定式汽车清洗机　　　　图 1-15　泡沫清洗机　　　　图 1-16　吸尘器

2）主要材料的准备

（1）清洗剂。清洗剂由多种物质配制而成,能有效去除各种污渍、油渍的清洁产品。汽车清洗时应该使用专用的汽车清洗剂,以保护车漆,提高工作效率,同时达到节能环保的目的。由于汽车污物的多样性,为了能有针对性地清除污垢,目前市场上的汽车清洗剂的品种也是非常繁多,使用时应根据其特性及功能等因素合理选择（表1-6）。

常见汽车清洗剂的种类　　　　表1-6

类　别	特点及适用范围
水性清洗剂	主要清除水性污垢,具有较强的浸润和溶解能力,不含有碱性,对汽车漆面的光泽有较好的保护作用
有机型清洗剂	主要用于去除车身表面的油脂和沥青等不溶于水的污垢。使用时,应避免有机清洗剂与塑料、橡胶等制品接触,以防腐蚀。使用中应避免接触明火,并注意通风
油脂型清洗剂	又称去油剂,具有极强的去油功能,主要用于清洗发动机、制动系统、轮毂等油污较重的部位
溶解型清洗剂	是一种溶解功能很强的清洗剂,能清除车身上的焦油、沥青、鸟粪、树胶等水不溶性污垢
多功能型清洗剂	具有多种功能的清洗剂,如二合一清洗剂,即有清洗功能,又有上蜡功效

（2）除油剂。汽车涂装工作用的除油剂主要是涂装作业前,用来清除表面的油脂、蜡脂及硅酮等污染物的。一般根据用途可以分为通用型除油剂和塑料件专用除油剂。

通用型除油剂在一般底材上都可以适用,根据施工时的环境温度变化,可以选择快干或慢干型产品。

塑料件专用除油剂属于弱溶剂型清洁剂,主要用于塑料件工件表面,能有效清除塑料表面的脱模剂,有的产品还含有防静电功能,可以去除塑料件表面由于摩擦所产生的静电,保证涂装安全及涂装质量。

（3）毛巾。毛巾是在清洗和清洁工作中必不可少的物品,根据擦拭部位的不同及作业的先后顺序,应该准备大小规格不等的多条毛巾。

现在市场上有一种麂皮或仿鹿皮制品,具有柔软、耐磨、防静电、不掉纤维,能迅速吸干水分等特点,应用较为普遍（图1-17）。

（4）擦拭布。汽车涂装工作中使用的擦拭布（又称无纺布）具有良好的吸水、吸油能力,擦拭后不留纤维,不掉色。在清洁、除油、抛光、打蜡时,都可以选用（图1-18）。

（5）海绵。海绵具有柔软、弹性好、吸水性强和较好的藏土能力等特点,所以在清洁工件或洗车工作中也使用较多,如图1-19所示。

图 1-17　麂皮

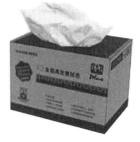
图 1-18　擦拭布

图 1-19　海绵

❷ 清洗

（1）将汽车移入清洗工位，并关好车门车窗。

（2）穿戴好工作服、雨鞋、橡胶手套等劳保防护用品。

（3）用高压水枪冲去汽车表面的灰尘及污物（图 1-20）。冲洗时应按从上至下、从前往后的斜下方方向进行冲洗，这样可以最有效地将汽车上的泥沙及灰尘冲洗干净。对于泥沙及灰尘较多的位置可以多冲洗几遍，避免在擦洗时泥沙划伤漆面。

（4）将调配好的清洁剂均匀地喷洒在汽车表面（图 1-21），然后用海绵进行全车擦洗（图 1-22）。擦洗时要注意每个部位都要擦洗到，对于不易擦拭掉的附着物，可选用专用的清洁剂或清洁产品来处理，切不可用力猛擦，以免损坏漆面。

图 1-20　冲淋

图 1-21　喷清洁剂

（5）擦洗完毕，利用高压水枪再将全车冲洗一遍（图 1-23）。冲洗时，注意将刚才擦洗下来的污物及清洁剂泡沫冲洗干净。

图 1-22　擦洗

图 1-23　冲洗

(6) 先用干净的大毛巾快速擦去车身表面的水珠,然后用小毛巾或麂皮将车身表面残留的水渍擦拭干净(图1-24)。

(7) 用风枪将车身缝隙部位的水吹出,并同时用毛巾或麂皮擦干(图1-25)。

(8) 清洁完毕,环车检查质量,确保全车清洗干净。

图1-24 擦干

图1-25 吹干

3 除油

在进行汽车清洗时,车身表面上的一些顽固的油脂、污垢、石蜡、硅酮抛光剂以及手印等,用普通的清洗剂及清洗方法很难彻底清除干净,如果不及时去除而直接进行涂装施工,可能会影响后续涂膜的附着力以及涂膜表面的质量等,所以在清洗之后,还需要对要修补的部位进行除油工作。除油的一般操作步骤如下:

(1) 穿戴好工作服、护目镜、活性炭口罩、防溶剂手套、安全鞋等劳保防护用品(图1-26)。

(2) 将除油剂均匀地涂抹到工件表面。涂抹除油剂的方法有两种:

图1-26 除油时的防护

① 用一块干净的无纺布蘸上除油剂(图1-27),然后把它擦拭到工件表面(图1-28)。擦拭时,按照横行重叠的顺序依次进行擦拭,注意中间不能有遗漏。为了避免除油剂挥发过快,一次最好只擦一个来回。如果面积过大或施工温度较高,可以选用慢干型除油剂。

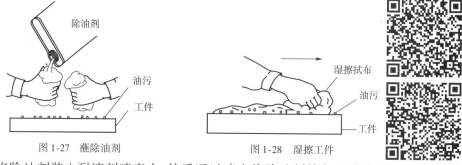

图1-27 蘸除油剂   图1-28 湿擦工件

② 将除油剂装入耐溶剂喷壶内,然后通过喷壶将除油剂均匀地喷涂到工件表面(图1-29)。如果需要除油的面积较小,建议一次喷完整个表面;如果面积较大,建议分块进行

喷涂,原则是要保证在下一步擦拭之前除油剂不能干燥。

(3)擦干除油剂。用一块干的干净擦拭布将之前涂抹的除油剂擦拭干净(图1-30)。在此步操作时要注意,一定要趁除油剂没有干燥之前把它擦干,否则等除油剂干燥之后,刚刚浸润的油脂、蜡渍等又会牢固地附着在工件表面,再用干布去擦将达不到清除的效果。

图1-29 喷涂除油剂

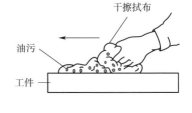

图1-30 擦干除油剂

(4)重复步骤(2)~(3)的动作,直至清除干净整个工件表面。在擦拭的过程中,应该经常更换干净的擦拭布,防止重复污染,对已经除过油的表面禁止触摸。

三 学习拓展

1 常用灭火器材的使用

1)灭火器的使用方法

常用的灭火器如干粉型灭火器、二氧化碳型灭火器、卤代型灭火器为储压式,一般操作方法如下:

(1)提起灭火器,迅速移动到着火点上风处。

(2)撕去灭火器上面的铅封(图1-31),并拔掉手柄处的保险销(图1-32)。

图1-31 撕掉铅封

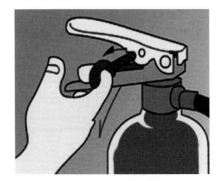

图1-32 拔掉保险销

(3)用左手握着胶管前端,将喷嘴对准火焰根部,用右手按压手柄使灭火剂喷出(图1-33),并适当摆动喷嘴,将火焰浇灭。如遇多处明火,可移动位置灭火,直到火焰完全熄灭为止(图1-34)。

(4)灭火后,松开灭火器手柄,即停止喷射。

提示：如果是干粉灭火器，使用前应先颠倒摇晃几次，使里面的干粉松动；如果是二氧化碳灭火器，使用时不要直接用手握住钢瓶，以免冻伤。

图 1-33　按压手柄

图 1-34　灭火器灭火

2）消防栓的使用方法

（1）打开消防栓门，取出水带、水枪，并检查水带及接头是否完好，如有破损严禁使用。

（2）向火场方向铺设水带，避免扭折。

（3）将水带靠近消防栓端与消防栓连接（图 1-35），连接时将连接扣准确插入滑槽，并按顺时针方向拧紧。

（4）将水带另一端也按上一步所示方法与水枪连接好（图 1-36）。

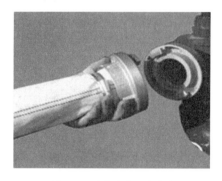
图 1-35　连接水带和消防栓

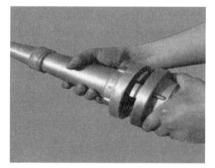
图 1-36　连接水带和水枪

（5）按下箱内消防栓启泵按钮（图 1-37），并逆时针打开消防栓上的水阀开关（图 1-38）。

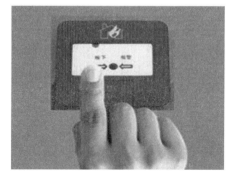
图 1-37　按下启泵按钮

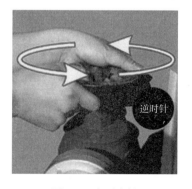
图 1-38　打开水阀

(6)握紧水枪,对准火源根部,进行灭火。

提示:使用消防栓前应先检查施救范围内是否已经断电,断电后方可使用消防栓灭火。用消防栓灭火至少需要2~3人配合,其中一人握紧水枪,1人打开水阀。防止水枪与水带、水带与阀门脱开,造成高压水伤人。

2 新车制造涂装前的清洁与除油

新车制造涂装前的清洁与除油方法,因各厂家的工艺不同有所区别,一般方法如下:

(1)将冲压焊接成型后的车身置于40~50℃的水中浸泡(图1-39),以溶解掉部分污染物及油脂。

(2)用同样温度的高压水对车身进行冲洗(图1-40),以冲洗掉附着在车身上的污物。

(3)将清洗干净的车身浸没在含有弱碱性的除油剂中(图1-41),以溶解掉车身上的冲压油或防锈油等。

(4)用干净的高压水再次对车身进行冲洗(图1-42),以去除残留的碱性除油剂。

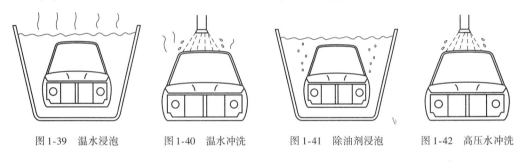

图1-39 温水浸泡　　图1-40 温水冲洗　　图1-41 除油剂浸泡　　图1-42 高压水冲洗

四 评价与反馈

1 自我评价

1)理论知识掌握情况

(1)汽车涂装的主要作用有哪些?

(2)汽车涂装作业时对环境的主要污染物有哪些?分别如何处理?

(3)汽车涂装作业时对人体有危害的物质主要有哪些?分别如何防护?

2)实践技能掌握情况

(1)劳保防护用品的选择。请根据表1-7所示内容,在相应的防护用品下面打"√"。

(2)汽车表面清洁的规范工艺流程。请根据本节所学知识,完成表1-8所示内容。

汽车表面清洁工作中的劳保防护　　　　　　　　　表1-7

任务名称	推荐的防护用品							
汽车清洗								
汽车除油								

汽车表面的清洁工艺流程　　　　　　　　　　　　表1-8

序号	主要操作步骤	所需主要工具、设备及材料	技术或质量要求

（3）请对本学习任务的学习内容及学习效果进行总结。

　　　　　　　　　　　签名：＿＿＿＿＿＿＿　　＿＿年＿月＿日

❷ **小组评价**

根据表1-9的评价项目对小组的任务实施情况做出评价。

小组评价情况表　　　　　　　　　　　　　　　　表1-9

序　号	评 价 项 目	评 价 情 况
1	着装是否符合要求	
2	是否能合理规范地使用仪器和设备	
3	是否按照安全和规范的流程操作	
4	是否遵守学习、实训场地的规章制度	
5	是否能保持学习、实训场地整洁	
6	团结协作情况	

　参与评价的同学签名：＿＿＿＿＿＿＿＿＿＿＿＿＿＿＿　　＿＿年＿月＿日

❸ **教师评价**

　　　　　　　　　　　教师签名：＿＿＿＿＿＿＿　　＿＿年＿月＿日

五　技能考核标准

汽车表面的清洁技能考核标准表见表1-10。

汽车表面的清洁技能考核标准表 表1-10

序号	项目	规定分	评分标准	得分
1	汽车表面的清洁	50分	未穿戴防护用品扣5分/次,穿戴不正确扣2分/次	
			冲淋顺序及方法不正确扣5分/次	
			清洁剂喷涂不均匀扣2分/处	
			擦洗不彻底扣2分/处	
			冲洗顺序不正确扣2分/处	
			未擦干扣2分/处	
			未吹干扣2分/处	
			清洁不彻底扣5分/处	
2	汽车表面的除油	40分	未穿戴防护用品扣5分/次,穿戴不正确扣2分/次	
			涂抹除油剂方法不正确扣10分,涂抹不均匀扣5分/处	
			擦干除油剂方法不正确扣10分,擦拭不彻底扣5分/次	
3	5S现场管理	10分	未及时整理工具材料扣2分/次	
			未正确维护工具设备扣2分/次,未正确处理废弃物扣2分/次	
			未及时清洁整理场地扣2分/次	
	总分	100分		

学习任务2　汽车表面的前处理

学习目标

知识目标

1. 了解汽车涂装的特点及分类;
2. 明确涂料的组成及其作用;
3. 熟悉涂料的分类及命名方法;
4. 掌握汽车车身常用金属材料的种类及特点。

技能目标

1. 能完成相关工具设备材料的使用及维护;
2. 能完成旧涂层和底材种类的鉴别;
3. 能完成对损坏程度的评估;
4. 能完成除旧漆和除锈;
5. 能完成打磨羽状边及粗化。

建议课时

12课时。

汽车涂装基础

任务描述

经过钣金校正、表面清洁除油处理后的翼子板,其涂层受损情况如图 2-1 所示,现在请你先对受损区域情况进行正确的鉴别和评估,然后再根据涂装要求进行规范的前处理(图 2-2)。

图 2-1　漆前处理前的受损部位

图 2-2　漆前处理后的受损部位

一　理论知识准备

1　汽车涂装的特点及分类

汽车涂装与其他类型的涂装(如家具涂装、船舶涂装、建筑涂装等)有相通的地方,同时又根据汽车运行和使用的特点、要求,其涂装又有自己的特点:

(1)汽车涂装属于高级保护性涂装。汽车使用环境复杂性,汽车涂层必须具有良好的耐腐蚀性、耐气候性、耐酸碱性、耐油污性、耐湿热性等,才能适应高寒地区、沙漠地区、湿热地带以及一年四季等各种气候条件,所以汽车涂装必须具有很高的保护性。

(2)汽车涂装又属于中、高级装饰性涂装。汽车的装饰性除外型设计外,表面涂层的颜色、纹理、光泽、鲜映性、丰满度等也会影响汽车的装饰性,其装饰效果会直接影响汽车的商品价值,所以汽车涂装必须具有很好的装饰性。

(3)汽车涂装是典型的工业涂装。汽车生产一般都是流水线作业(图 2-3),属于资金密集、技术密集、综合性强、经济效益高的产业,而且汽车制造涂装的质量要求极高。很多涂装新工艺、新技术、新材料都是由汽车工业带头开发或促进的,所以汽车涂装是典型的现代工业涂装。

(4)汽车涂装一般为多涂层涂装。汽车涂层一般由多个涂层组成(图 2-4),各个涂层具有不同的作用,而且多涂层所形成的涂膜厚度较厚,抗冲击能力好,保护性能也好,所以汽车采用多层涂装。

项目一 汽车表面涂装前处理

不同的汽车及汽车上不同的部位,它们涂装的目的和要求是不同的,所以采用的涂料和涂装工艺也不尽相同。汽车涂装按涂装对象分类,可以分为新车制造涂装和汽车修补涂装两大类,根据涂装部位的不同又可以分为车身外表涂装、车厢内部涂装、车身骨架的涂装、底盘部件涂装、发动机部件涂装、电气设备的涂装等。

图2-3 汽车涂装生产线

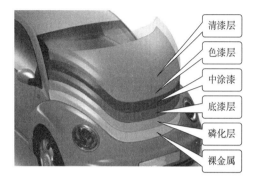

图2-4 汽车涂层

提示:汽车修补涂装一般指的是车身部位的维修涂装,根据修补部位和修补面积的大小又可以分为全车涂装、局部修补涂装和板块修补涂装。

2 涂料的组成及作用

所谓涂料,一般指涂布于物体的表面能够形成具有保护、装饰或其他特殊性能的固态保护膜的一类液体或固体材料的总称。

涂料一般是由多种不同物质混合而成的(表2-1),根据物质的性质不同,大致可以分为成膜物质、颜料、溶剂及助剂四种,它们在涂料中的作用见表2-2。

涂料的组成 表2-1

序号	基本组成			常见类型及品种
1	主要成膜物质	油料	动物油	鲨鱼肝油、带鱼油、牛油等
			植物油 干性油	桐油、亚麻油、梓油、苏子油等
			植物油 半干性油	豆油、向日葵油、棉籽油等
			植物油 不干性油	蓖麻油、椰子油、花生油等
		树脂	天然树脂	松香、虫胶、天然沥青等
			人造树脂	松香衍生物、纤维衍生物、橡胶等
			合成树脂	酚醛、聚氨酯、丙烯酸、有机硅、环氧、醇酸等
2	次要成膜物质	颜料	体制颜料	硫酸钡、碳酸钙、硫酸镁、石英粉、氧化镁等
			着色颜料 无机	钛白、炭黑、铅铬黄、铁红、铁蓝、铬绿等
			着色颜料 有机	苯胺黑、甲苯胺红、酞菁蓝、孔雀石绿等
			防锈颜料	锌粉、红丹、磷酸锌、氧化铁红、含铅氧化锌等
3	辅助成膜物质	溶剂		水、松节油、烃类溶剂、醇类溶剂、酯类溶剂、酮类溶剂、醚类溶剂等
		助剂		固化剂、催干剂、防潮剂、紫外线吸收剂、增塑剂、减光剂、流平剂等

涂料的组成及其作用　　　　　　　　　　　　　　　表 2-2

涂料基本组成成分	主 要 作 用
成膜物质	成膜物质是涂料的基础,它能使涂料牢固地附着于被涂工件表面形成连续的固态涂膜,是涂料组成中不可缺少的物质。涂料的基本性能是由所选用的成膜物质自身的特性所决定的,如涂料的光泽、硬度、弹性、耐久性、附着力等,它起到涂料保护和装饰的主要作用
颜料	颜料在涂料中能赋予涂料一定的色彩和耐久性,起美观装饰作用,同时也可以使涂料具有一定的遮盖力,改变涂料光泽,改善涂料的流动性和某些涂装性能,有的颜料还具有很强的防锈作用等
溶剂	溶剂是涂料的重要组成部分,起着辅助成膜的作用,它能溶解或稀释成膜物质,改善或改变涂料的某些性能,满足涂料在制造、施工过程中的某些要求。同时具有挥发性,在涂装和成膜过程中会挥发掉,留下不挥发成分形成坚硬的涂膜
助剂	助剂又称添加剂,根据所起的作用不同,有很多种类,它们在涂料中一般用量很少,但所起的作用很大,能使涂料的某些性能起显著变化,在涂料制造、储存、施工中起着重要的作用

❸ 涂料的分类及命名

1)涂料的分类

涂料的种类很多,分类方法也很多,常见的分类方法如下:

(1)按涂料中的主要成膜物质来分。我国国家标准 GB/T 2705—2003《涂料产品分类和命名》中规定,涂料产品的分类是以涂料中主要成膜物质为基础,而成膜物质分为 17 类,相应地涂料产品也分为 17 大类,见表 2-3。

涂料类别及其成膜物质　　　　　　　　　　　　　　　表 2-3

序号	代号	涂料类别	主要成膜物质
1	Y	油脂涂料	天然动植物油、合成干性油等
2	T	天然树脂涂料	松香及其衍生物、虫胶、大漆及其衍生物
3	F	酚醛树脂涂料	酚醛树脂、改性酚醛树脂、二甲苯树脂
4	L	沥青树脂涂料	天然沥青、煤焦沥青、石油沥青
5	C	醇酸树脂涂料	甘油醇酸树脂、改性醇酸树脂及其他的醇酸树脂
6	A	氨基树脂涂料	脲醛树脂、三聚氰胺甲醛树脂
7	Q	硝基树脂涂料	硝基纤维素和改性硝基纤维素
8	M	纤维素树脂涂料	醋酸纤维、苄基纤维、醋丁纤维等
9	G	过氯乙烯树脂涂料	过氯乙烯树脂及其改性过氯乙烯树脂

续上表

序号	代号	涂料类别	主要成膜物质
10	X	乙烯树脂涂料	聚二乙烯基乙炔树脂、聚苯乙烯树脂、石油树脂等
11	B	丙烯酸树脂涂料	丙烯酸树脂、丙烯酸共聚物
12	Z	聚酯树脂涂料	饱和聚酯和不饱和聚酯
13	H	环氧树脂涂料	环氧树脂、改性环氧树脂
14	S	聚氨酯树脂涂料	聚氨基甲酸酯
15	V	元素有机聚合物涂料	有机硅、有机钛、有机铝等
16	J	橡胶涂料	天然橡胶及其衍生物、合成橡胶及其衍生物
17	E	其他涂料	以上16类不能包括的成膜物质,如无极高聚物

（2）按涂料固化成膜的原理来分。涂料从液态涂膜到固态涂膜,它们的变化过程、变化条件不尽相同,按照它们成膜的原理大致可以分为溶剂挥发性涂料、氧化固化型涂料、热固化型涂料、双组分固化型涂料。它们成膜的原理及分子变化见表2-4。

涂料成膜机理及示意图　　　　表2-4

分类	成膜原理及性能特点	典型涂料代表	涂料分子变化	
			干燥前	干燥后
溶剂挥发型	此类涂料依靠溶剂的自然挥发而干燥成膜,树脂分子只是从松散的结构到稍紧密的结构变化,没有交联反应,所形成的涂层一般较薄,硬度不高,耐溶剂性、耐候性较差	硝基树脂漆、过氯乙烯树脂漆、热塑性丙烯酸树脂漆等		
氧化聚合型	此类涂料的干燥是在溶剂挥发的同时,树脂吸收空气中的氧发生氧化聚合反应,树脂分子发生交联,但是交联反应有限,而且需要时间较长,所形成的涂膜质量(如厚度、硬度、耐溶剂性等)较溶剂挥发性涂料要高,但是干燥较慢,耐候性也不是很好	油脂漆、天然树脂漆、酚醛树脂漆、醇酸树脂漆等		
烘烤聚合型	此类涂料的干燥是在高温作用下树脂自身发生紧密的交联反应而固化成膜,所形成的涂膜硬度高,耐溶剂性、耐候性等各方面性能都非常好,特别适合涂装流水线作业,所以主要用于汽车制造涂装	氨基树脂漆、热固性丙烯酸树脂漆等		
双组分聚合型	此类涂料由涂料和与之配套的固化剂两种成分组成,施工时按照一定比例混合之后,树脂和固化剂发生化学反应,分子之间产生紧密地交联而成膜,所形成的涂膜硬度较高,耐候性、耐溶剂性较好,基本上可以达到汽车原厂漆的质量标准	环氧树脂漆、聚氨酯树脂漆等		

（3）其他的分类方法。

①按涂料组成中有无颜料来分:有颜料的称为色漆;没有颜料且呈透明状的称为清漆。

②按溶剂的构成情况来分:以挥发性有机化合物作为溶剂的称为溶剂型漆;以水作为

溶剂的称为水性漆；涂料组成中没有挥发性有机化合物的称为无溶剂漆；无溶剂而又呈粉末状的称为粉末涂料。

③按涂料所在涂层位置分：位于所有涂层最下面、直接附着在工件表面的称为底漆；位于所有涂层最上面、最表面直接可见的称为面漆；介于底漆和面漆之间的涂料称为中间涂料。

④按施工方法分：刷漆、喷漆、烤漆、电泳漆等。

⑤按涂料的使用效果分：绝缘漆、防锈漆、耐热漆等。

2）涂料的命名

涂料的命名一般采用以下方法表示：

涂料的名称 = 颜色或颜料名称 + 主要成膜物质名称 + 基本名称

（1）颜色或颜料名称。涂料的颜色名称位于涂料名称的最前面，如果某种颜料对涂膜的性能起显著作用，则可以用颜料的名称取代颜色的名称，置于涂料名称的最前面，如铁红醇酸磁漆中铁红就是颜料的名称。

（2）主要成膜物质名称。由于现在的涂料里面一般含有多种类型的树脂，所以在命名时选取起主要作用的成膜物质来命名，如一种红色防锈漆里面既含有环氧树脂，也含有硝基树脂，如果涂料主要反应出来的是环氧树脂的特点就可以称为红环氧防锈漆，如果同时也反应了一部分硝基树脂的特点，也可以把两种成膜物质都列出来，主要成膜物质放在前面，次要成膜物质放在后面，称为红环氧硝基防锈漆。

（3）基本名称。基本名称表示涂料的基本品种、特性或专业用途，例如清漆、磁漆、防锈漆等。但凡是烘烤干燥的涂料，名称中都必须有"烘干"或"烘"字，如果名称中没有"烘干"或"烘"字，即表明该漆是常温干燥或烘烤干燥均可。

4 汽车车身常用金属材料的种类及特点

目前汽车车身主要是以钢铁为主，但是随着现代汽车工业的发展，其他金属材料也越来越多地被使用，如铝、铝镁合金、锌合金、镀锌板、镀铬板等。由于各种材料的特性不同，要充分发挥涂料的保护作用，就必须了解其特性及相应的涂装表面前处理方法。

（1）钢铁底材。钢铁也称黑色金属，它产生锈蚀的主要原因是钢铁在空气中较不稳定容易氧化。车身表面会由于涂层老化、开裂、脱落、碰撞使钢铁暴露在空气中，空气中的水分、氧气、工业污染物等就会使钢铁表面产生锈蚀。另外，涂层一般都有渗水、渗氧、渗离子的弱点，水、氧和离子等到达金属基层，会在涂层和基材之间形成亲水层，导致涂层的附着力下降，甚至起泡，锈蚀也随即形成。

为了增强黑色金属的耐腐蚀能力，底材可以采用酸性金属处理液进行处理，形成化学处理涂层如磷化层、钝化层等以提高耐腐蚀能力。

（2）镀锌金属底材。镀锌钢板的结构是在钢铁表面镀了一层锌。镀锌层在钢板上形成了一道隔离层，可以将钢板和空气、水分隔开，锌与空气接触会在其表面形成一层氧化锌，氧化锌能与锌层牢牢地附着在一起，由于氧化锌的稳定性，在锌与空气、水分之间形成一层极好的保护膜。为了提高汽车车身的耐腐蚀性，镀锌板在车身上的使用率越来越高。但是若直接在镀锌钢板上刮涂聚酯原子灰或喷涂普通底漆，锌就会与涂料的基料反应生成金属盐,金属盐会导致锌表面与涂层的附着力变差,时间长了还会生锈。镀锌钢板在涂装时要选用合适的底漆、原子灰。

(3)铝及铝合金的底材。铝是一种比较活泼的金属,银白色具有光泽,纯铝的机械强度较低。若加入少量的其他金属元素,如 Mg、Cu、Zn 等,则可制成各种类型的铝合金,机械强度会大为提高。随着车身轻量化的要求,许多车身上用铝材代替钢材制作车身覆盖件,甚至还出现了全铝车身,铝及铝合金的底材在车身上应用越来越普及。

纯铝在常温、干燥空气中比较稳定,这是因为铝在空气中与氧发生作用,在铝表面生成一层薄而致密的氧化膜,可以起到很好的保护作用。在铝中加入 Mg、Cu、Zn 等虽然使机械强度提高了,但耐蚀性却下降了,这就需要恰当的表面处理,再涂装合适的涂料加以保护。

铝及铝合金板材比钢铁表面光滑,涂膜附着力差,清洗时应注意铝制品不像钢材能耐强碱的侵蚀,不能使用强碱的清洗液清洗,一般采用有机溶剂脱脂法,表面活性脱脂法,或由磷酸钠、硅酸钠等配制的碱性液清洗。

提示:铝及铝合金板材在打磨过程中会产生铝粉尘,当其浓度达到一定程度时,遇到明火或火花容易导致爆炸,所以应在专门的打磨工位,使用专用的干磨设备打磨铝及铝合金底材。

二 任务实施

1 表面前处理前的准备工作

1)主要工具设备的准备

(1)手工清除工具。常用的手工清除工具有尖头锤、铲刀、刮刀、锉刀及钢丝刷等(图2-5),通过锤、铲、刮、锉、刷等方式可以清除掉金属表面的旧涂层、铁锈及焊渣。手工工具使用简单,容易操作,适应强,但是使用手工工具操作时劳动强度大、工作效率低,所以在表面预处理工作中,一般将手工工具作为一种辅助工具使用,在机械工具清除不到或机械工具不好操作的地方使用。

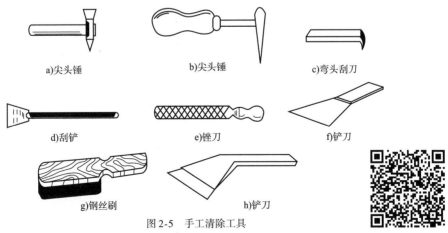

图 2-5 手工清除工具

(2)机械清除工具。机械清除工具主要指的是打磨机。打磨机工作时以电力或压缩空气作为动力源,驱动打磨头旋转或移动,与钢丝刷、砂布、砂纸、砂轮等磨具配合使用,实现对表面旧涂层或铁锈的清除。

打磨机的种类很多,按照打磨机的驱动方式可以分为电动打磨机与气动打磨机两种,由于气动打磨机具有结构简单、操作轻便、使用安全等特点,目前在汽车维修行业使用较多。按照打磨机的运动方式又可以分为单作用打磨机、轨道式打磨机和双作用打磨机三种,它们的特点及适用范围见表2-5,在工作中应根据各类打磨机的特点合理选用,达到最佳的打磨效果。

汽车涂装工作常用的打磨机特点及适用范围　　　　表2-5

类型	单作用打磨机	轨道式打磨机	双作用打磨机
运动方式			
特点	圆周运动,转矩大,作用力强,打磨速度快;打磨时不平稳,容易产生划痕	砂垫呈矩形,工作时整个砂垫以小圆圈方式振动,振动力小,容易控制,划痕少,研磨平整光滑,适合磨平	打磨垫本身以小圆圈振动,同时又绕自己的中心转动,所以兼有单作用和轨道式打磨机的特点
适用工序	可以用来除旧涂层、除锈等粗磨工作,也可以换上抛光垫之后用来抛光。如砂轮机、抛光机等都是单作用打磨机	适合用来进行平面原子灰的整平打磨	适用于整个涂装打磨工作。一般根据打磨精度要求又制成不同的振动幅度,常见的有7mm、5mm和3mm三种规格。振动幅度越大,打磨越快,但打磨痕迹越粗糙;振动幅度越小,打磨越慢,但磨痕越精细

由于打磨机打磨时粉尘较大,所以需要连接吸尘设备,由打磨机、吸尘设备、软管及相关辅助设备组成的装置称为干打磨系统。常见的干打磨系统如图2-6所示。

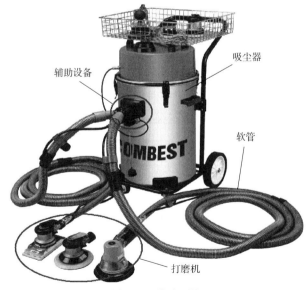

图2-6　干打磨系统

干打磨系统在使用及维护时应注意：

①操作前和操作后应检查干打磨系统各部件是否完好，特别是电源线、磨垫等是否有破损及破裂现象，在操作过程中如果出现异常声音或不正常振动，应立即停机检查。

②气动工具进气压力应控制在 0.6MPa 左右，防止气压太高造成损坏。同时气动工具使用的压缩空气应无水分，防止水汽造成机械内部生锈损坏。

③必须使用与磨盘或衬垫规格、型号相符合的砂纸，粘贴时务必使吸尘孔位置对齐，以保证最佳的吸尘效果。

④打磨时应先将打磨机放置于工件上再启动，打磨结束后，一定要等打磨机完全停止转动再放下。

⑤打磨结束后应取下砂纸，再用风枪吹干净整个打磨设备。

⑥干磨系统连续工作时间不应太长，每天工作完毕后往打磨机里面注入少许润滑油，并让打磨机低速运转一下，以润滑内部元件。

⑦定期检查、清理集尘过滤袋，一般所集灰尘不能超过集尘袋容量的2/3。定期清洁滤芯，一般半年或一年更换一次。定期检查吸尘电动机电刷，磨损严重时及时更换。

2）主要材料的准备

（1）打磨材料。打磨材料的种类很多，常用的打磨材料分类方法有：

①按磨料的种类分类（表2-6）。

打磨材料的种类1　　　　　　　　　　　　　　　　　　表2-6

分类方法	类型	特点及用途
按磨料的种类分类	氧化铝磨料	非常坚韧，硬度高，耐久性好，能很好地防止破裂和钝化。可制成不同规格的磨料用于除锈、除旧涂层、打磨原子灰、打磨旧涂层等，是目前使用最多的一类磨料
	碳化硅磨料	也称金刚砂，是一种非常锐利、穿透力极高的磨料，呈黑色，常用于旧涂层的打磨，以及抛光前对新喷涂层的打磨
	锆铝磨料	锆铝磨料具有独特的自磨刃特性，在打磨过程中能不断提供新的刃口，始终保持较好的打磨性能。在打磨过程中产生的热量少，能有效避免打磨下来的材料变软堵塞磨料间隙，影响打磨效果。正因为打磨效率高、使用寿命长，所以应用越来越广泛

②按打磨材料的形状分类（表2-7）。

打磨材料的种类2　　　　　　　　　　　　　　　　　　表2-7

分类方法	按打磨材料的形状分类		
类型	方形	圆形	异形
特点及用途	主要用于手工操作，以及方形打磨机上	主要用于单作用或双作用打磨机上	用于一些特殊的机械或特殊的打磨操作中

③按打磨材料的背衬材料分类(表2-8)。

打磨材料的种类3　　　　　表2-8

分类方法	按背衬材料分类		
类型	砂纸	砂布	三维打磨材料
特点及用途	背衬为纸质材料,主要用来制作水磨砂纸,使用前可以先用水浸泡一下,防止砂纸脆裂,可以根据需要裁剪成不同大小	背衬为布纤维材料,主要用来制作干磨砂布,打磨机上使用的砂布一般采用快速搭扣式,使用方便	衬里为合成纤维制成的三维材料,磨料附着在三维纤维上,有极好的柔韧性,适合打磨外形复杂或特殊材料的表面

④按砂纸上磨料颗粒的大小分类(表2-9)。

打磨材料的种类4　　　　　表2-9

砂纸编号	颗粒大小(μm)	适用范围	
		干打磨	湿打磨
P24	1200	粗磨工作,如打磨焊缝、焊渣,清除严重锈蚀部位等	不允许使用湿打磨方法除旧涂层、除锈
P40	600	大面积的除旧涂层、除锈	
P60	400		
P80	300	除旧涂层、除锈、打磨羽状边、粗磨原子灰等	粗磨原子灰(规范操作里面不允许水磨原子灰)
P120	170		
P150	150	中等程度的打磨原子灰	中等程度的打磨原子灰
P180	120		
P240	80	精磨原子灰	精磨原子灰
P280	65		
P320	55	中涂底漆喷涂之前的打磨	
P360	45		
P400	40	单工序面漆喷涂之前的打磨	中涂层喷涂之前的打磨
P500	35	双工序面漆喷涂之前的打磨	单工序面漆喷涂之前的打磨
P600	25		
P800~P1000	15~20	修整面漆上的颗粒、流痕、橘皮等缺陷	双工序面漆喷涂之前的打磨
P1200~P1500	10以下	抛光之前的精细打磨	抛光之前的精细打磨

注:砂纸编号中的"P"表示欧洲使用的砂纸分级方法,现在在我国广泛使用。

(2)脱漆剂。汽车修补涂装中使用的脱漆剂又称洗涤剂、去漆剂等。它是利用成分中的强性溶剂,将涂层或旧漆溶胀以达到脱漆目的的液体或乳状物。

根据脱漆对象的不同,大致可以分为两大类。一类是以酮、苯、酯类有机溶剂和挥发阻缓剂石蜡配制而成的,主要用于清除油基、醇酸、硝基漆的旧涂膜。另一类是以二氯甲烷、石蜡、纤维素醚、醋酸为主要成分配制而成的,主要用于清除环氧沥青、聚氨酯、环氧聚酰胺或氨基醇酸树脂等旧涂膜。为了保证脱漆效果,一定要根据旧涂层的类型选用合适的脱漆剂。

提示:由于脱漆剂腐蚀性强,对环境及人体危害较大,所以在汽车涂装维修中应尽量减少使用。

(3)除锈水。化学除锈的方法很多,在工业涂装行业使用最多的是酸洗的方法。金属的腐蚀产物主要是金属氧化物,酸洗就是利用酸溶液与这些金属氧化物反应,从而除掉金属表面的锈蚀产物。在工业涂装行业常用的酸性溶液一般是硫酸、盐酸、硝酸等配制好的酸溶液。但是由于酸性溶液腐蚀性较强,加上汽车表面受损后产生的锈蚀往往面积较小,故现在汽车维修行业用酸性溶液除锈的方法也较少使用,一般采用机械打磨法除锈。

❷ 鉴别旧涂层及底材

鉴别待涂表面的涂料类别和底材类型在重涂工艺中是非常重要的。如果旧涂膜或底材没有正确的鉴别,盲目地进行施工,很容易出现新旧涂层或新涂层与底材间的不配套,导致整个涂装工作的返工。

1)旧涂层的鉴别方法

(1)涂抹溶剂法。就是利用不同溶剂能溶解不同涂料或涂层的特点来判断涂层种类的方法,一般操作步骤如下:

①穿戴好工作服、护目镜、活性炭口罩、防溶剂手套、安全鞋等劳保防护用品(图2-7)。

②用浸过硝基稀释剂的棉纱在待涂表面的旧涂膜上或车身隐蔽部位轻轻擦拭(图2-8)。

③观察棉纱和涂层表面,如果棉纱上粘有车身颜色(图2-9)或涂层出现溶解、膨胀、收缩等,说明旧涂层使用的是溶剂挥发型或为未完全硬固的双组分型涂料,此种涂层在修补时要充分考虑新涂层中的溶剂成分是否会溶解原涂层,造成咬底、起皱等涂膜缺陷;如果摩擦不掉色或涂层没有出现溶解的,则说明旧涂层使用的是烘烤聚合型或双组分型涂料,此种涂层在修补时一般能经受新喷涂层中的溶剂的溶解,施工时不易出现涂膜缺陷。

图2-7 与溶剂直接接触时的防护

图2-8 摩擦

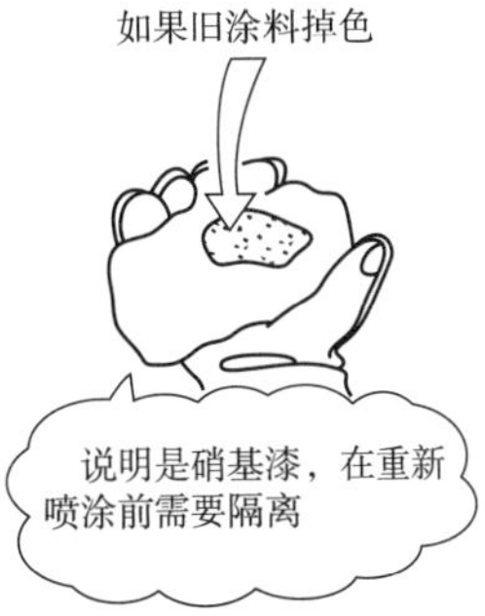

图2-9 检查棉纱是否掉色

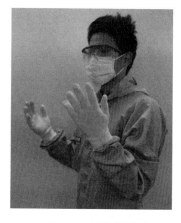

图2-10　打磨时的防护

(2)打磨法。就是利用磨料打磨漆面之后会显现不同的效果来判断涂层种类的方法,一般操作步骤如下：

①穿戴好工作服、护目镜、防尘口罩、线手套、安全鞋等劳保防护用品(图2-10)。

②用棉纱蘸少许粗蜡或用砂纸打磨漆面(图2-11)。

③观察棉纱或砂纸表面,若沾有颜色,则说明原涂膜是单工序面漆(图2-12);若没有颜色,则说明原涂膜是双工序或多工序面漆。若漆面表层流平性较差,漆面粗糙,经摩擦后产生一种类似抛光后亮度增加的效果,则说明喷涂的是一种抛光型涂料(多为硝基树脂型);若用砂纸打磨漆面时,涂层有弹性且砂纸黏滞,则说明涂膜未完全固化。

(3)硬度检测法。就是利用各种涂料干燥之后涂膜硬度不同来判断涂层种类的方法,一般可以采用指压漆面或用指甲划漆面的方法来进行检测,如果没有指纹印或指甲印的是固化较好的原厂烤漆或双组分型漆,有印痕的是自干漆或固化不好的双组分型涂料。

图2-11　打磨漆面

图2-12　打磨后的效果

提示：对于不耐溶剂、打磨掉色或硬度不高的旧涂层在重涂时最容易出现涂层不配套的问题,一般要经过封闭处理,但是最彻底的处理方法还是清除掉整个旧涂层。

2)金属底材的鉴别方法

目前汽车车身常用的材料有钢板、镀锌板、铝合金及各种塑料等,在施工前应正确鉴别底材的种类,以便选择合适的涂料产品,下面介绍几种常见的金属底材的鉴别方法。

(1)钢材的判断。钢板机械强度较高,表面比较粗糙,未经加工的表面一般呈现灰黑色,有些部位会有铁锈存在。钢板表面经粗砂纸打磨后会显露出白亮的金属光泽,但从侧面观察,颜色有些变暗;钢板耐强碱侵蚀的能力较强,使用强碱对经过打磨后的表面进行浸润或涂抹一般不会有太大的反应。

(2)镀锌板的判断。未经加工的镀锌板表面常有银色的光芒,有些镀锌板表面有鱼鳞状花纹。使用中的镀锌板表面没有锈溃,裸露处常显现灰白色,经过砂纸打磨的地方比钢材表面更加白亮且侧光时变暗的程度也要轻一些;镀锌板不像钢板耐强碱的侵蚀,使用强碱浸润或涂抹时多会留下发黑的痕迹。

(3)铝及铝合金的判断。铝的机械强度较低,汽车上一般使用铝合金板材。铝合金板材的机械强度较好,但质量较轻,板材表面比钢板和镀锌板都要光滑,不耐强碱,经强碱处理后表面会形成氧化膜,打磨后可显露白亮的内层金属。通过打磨后涂抹强碱的方法,可以比较准确地加以区分。

❸ 评估损坏程度

对损坏部位进行正确的评估后,才能确定修补范围、确定过渡区域、需遮盖保护的部位、需拆卸的零件等,为后续工序的正确实施及保证满意的修补质量奠定基础。正确地评估损坏程度,是确定维修成本、保证涂装质量的关键因素之一。评估损坏程度的方法有三种,一般在工作时需要综合运用使用。

1)目测评估法

根据受损部位光线反射情况进行的判断评估方法,此法适合工件表面亮度较高的情况,对于无光或光泽不好的工件不易评估,一般操作步骤如下:

(1)将工件移至光线充足的地方,根据光照射工件表面的反射情况,评估变形的程度及受影响的面积大小(图2-13)。

(2)改变观察的位置,从不同方向进行检查,评估出整个待涂装表面的损坏程度及范围,并用记号笔将变形区域做上记号(图2-14)。

图2-13 目测评估损坏程度

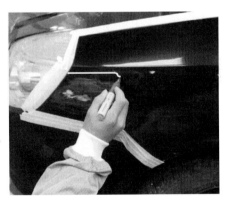

图2-14 标记受损区域

2)触摸评估法

用手进行触摸感觉表面形状的判断评估方法,此法能较好地利用手上的感觉判断凹陷变形的程度,但对于初学者或手感较差的人在判断轻微的变形时可能较难,一般操作步骤如下:

(1)戴上手套,将手指并拢并轻轻地平放在受损的区域外,再慢慢地向受损区域内移动(图2-15),体会手掌在工件表面滑动的感觉,如果手掌在滑动时有波动或感觉跟其他没有问题的工件表面形状不同,即表示有变形。

(2)从不同的方向按照上一步的方法继续触摸受损区域(图2-16),确定变形的范围及变形量的大小,同时用记号笔将变形区域做上记号。

提示:用手触摸移动时面积要尽量大一点,才能准确地判断出受损的程度和范围。

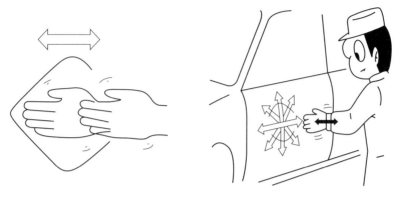

图 2-15　触摸评估损坏程度　　　　图 2-16　从不同方向触摸评估损坏程度

3)直尺评估法

直尺评估法是利用直尺对变形部位进行的判断评估方法,此法能较好地判断出微小变形量,一般操作步骤如下:

(1)将一把直尺放在车身没有被损坏的区域上(损坏区域的对称部位),检查车身和直尺间的间隙。

(2)再将直尺放在被损坏的车身钣金件上,评估被损坏的和未被损坏的车身板之间的间隙相差多少,并据此判断变形的程度(图 2-17)。

在用直尺评估时,如果损伤区域有凸出部分高出工件的基准面,将影响评估操作及后续涂层的施工,在检查后应用样冲或尖嘴锤将凸起的区域敲平或稍稍低于基准面,如图 2-18 所示。

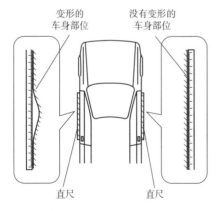
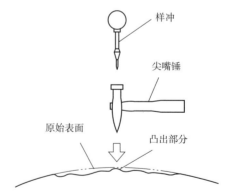

图 2-17　用直尺评估损坏程度　　　　图 2-18　敲平损坏件的凸出部分

4　清除旧涂层

变形区域内的旧涂层,就算表面油漆状况再好,其涂层与底材的附着力已经受到了不同程度的影响,为了保证涂装质量,应该在涂新涂层之前对所有变形区域内的旧涂层进行彻底的清除。但是对于没有变形区域的旧涂层或只是表面轻微氧化的涂层,为了简化涂装工艺,可以不用彻底清除旧涂层,只需要磨毛或打磨掉表面氧化变差的涂层即可。在汽车维修时采用的清除旧涂层的方法主要有以下两种。

1)打磨法清除旧涂层

利用打磨机和砂纸以及一些手工工具等清除掉旧涂层的方法,一般操作步骤如下:

(1)穿戴好合适的劳保防护用品。

(2)选择合适的打磨机类型及砂纸型号,将砂纸孔对孔粘贴在打磨机的磨垫上(图2-19)。

除旧涂层时一般建议使用单作用打磨机配合 P60~P80 砂纸进行打磨。如果旧涂层较薄,也可以使用 9mm 或 7mm 双作用打磨机配合 P60、P80 或 P120 砂纸进行打磨。

提示:为了防止打磨机上的磨垫使用过度导致磨垫磨损或搭扣失效,可以在打磨机上加一道保护垫。

(3)连接好打磨机与干磨系统连接的吸尘管及气管(图2-20),并接好进气管、设备电源,然后打开吸尘器(图2-21)和打磨机开关,确定设备运转正常。

图 2-19　粘贴砂纸

图 2-20　连接吸尘管及气管

(4)在工件外面调节好打磨机的转速(图2-22)。打磨机转速不宜太快,也不宜太慢,太慢影响打磨效率,太快不好控制,在打磨时可以根据情况进行适当调整。

图 2-21　吸尘器开关

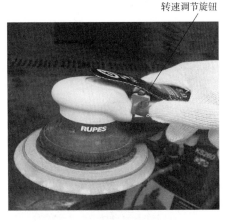

图 2-22　调节转速的开关

(5)将打磨机平放在工件表面,然后慢慢起动开关进行打磨。

在操作时一般将磨垫与工件表面成5°~20°夹角进行打磨(图2-23),如果凹陷较深可适当加大角度(图2-24),但注意不要损坏磨垫。

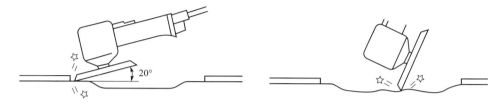

图2-23　浅凹陷打磨的方法　　　　　图2-24　深凹陷打磨的方法

(6)通过往复移动打磨的方法清除干净受损区域的旧涂层。

打磨机在打磨时一般按照从左往右(图2-25)或从右往左(图2-26)移动的方法依次进行打磨。打磨时,将旧涂层刚刚磨掉即可,不要在一处地方停留时间过长,防止板材变形或磨穿。

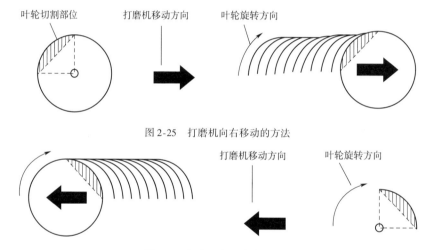

图2-25　打磨机向右移动的方法

图2-26　打磨机向左移动的方法

(7)检查受损区域内旧涂层的清除效果,如果还残留有旧涂层的(图2-27),应该继续使用打磨机进行清除,对于不好使用打磨机的地方应该结合手工工具,如铲刀、钢丝刷、锉刀或砂纸等将损伤部位的旧涂层全部清除干净(图2-28)。

图2-27　残留的旧涂层　　　　　　　图2-28　最终的除旧涂层效果

2) 化学法清除旧涂层

大面积的旧涂膜需要清除时,采用打磨法较为费力,又有可能引起板材的变形,采用化学物质将旧涂层溶解后再清除的方法则较省力。但是要注意化学法清除旧涂层所使用的脱漆剂腐蚀性较强,对人体和环境危害都较大,需要注意做好劳动保护,废弃物要妥善处理。化学法除旧涂层的一般操作步骤如下:

(1)穿戴好工作服、护目镜、过滤式面罩、耐溶剂手套、安全鞋等劳保防护用品,同时保证施工场地有良好的通风效果。

(2)在施工工件下面垫上合适的地垫,防止脱落下来的旧涂层污染了地面。

(3)将需要保护起来的部位用胶带或遮蔽纸保护好(图2-29)。如工件上一些不好拆卸的装饰件、缝隙、相邻部位等。

(4)用P60或P80较粗型号的砂纸磨毛需要脱漆的表面(图2-30),以便脱漆剂能很好地渗入涂膜里面。

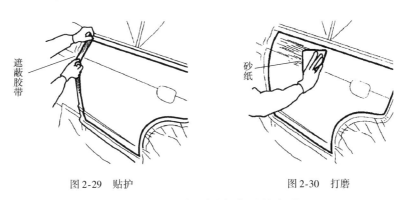

图2-29 贴护   图2-30 打磨

(5)将脱漆剂按照产品使用说明调配好,倒在合适的容器里面。

(6)选用合适宽度的毛刷将脱漆剂均匀地涂刷到旧涂层表面(图2-31),同时尽快将脱漆剂刷展开。

提示:一定不要让脱漆剂刷到或滴到不需要脱漆的部位,否则会增加不必要的麻烦。

(7)按照产品说明的要求,放置一段时间,让涂膜充分溶胀。

(8)待涂膜溶胀鼓起后,用铲刀轻轻地将旧涂膜铲除干净(图2-32)。

 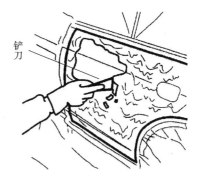

图2-31 刷脱漆剂   图2-32 铲旧涂层

有时涂膜较厚或硬度较高时,不能一次将旧涂膜彻底溶胀,所以需要按照(5)~(8)的步骤重复几次,直至彻底清除干净整个旧涂层。

(9)旧涂膜彻底清除干净后,再用除油剂进行擦拭。残留的脱漆剂会影响后续施工和涂层质量,所以应该用除油剂多擦拭几遍,保证彻底擦拭干净。

(10)撕掉工件上的保护胶带及遮蔽纸,同时清理干净地垫及地面。

5 清除锈蚀

工件在使用过程中,表面由于涂膜损坏、碰撞损伤、不合理的维修过程或除旧涂层之后没有及时处理等,会造成金属与空气中的氧气或水产生化学反应,生成金属氧化物,即生锈,因此在涂装前必须进行除锈。在汽车维修行业采用的除锈方法主要有两种。

1)打磨法除锈

利用打磨机、砂纸、手工工具等清除干净工件表面锈蚀的方法称为打磨法除锈。对于轻微的锈蚀可以使用单作用或双作用打磨机配合P60~P80砂纸进行打磨处理;对于严重的锈蚀可以先使用砂轮机、电动钢丝刷等工具粗磨一遍,再使用双作用或单作用打磨机配合P60~P80砂纸精磨一遍。

打磨除锈的方法与打磨除旧涂层的方法基本一致,具体步骤可参考打磨法除旧涂层中的相关内容。一般在工作时可将除旧涂层与除锈工序结合起来操作,在除掉工件表面旧涂层的同时也去掉了表面的锈蚀。

2)化学法除锈

利用化学物质与锈蚀产生反应再清除掉锈蚀的方法称为化学法除锈。在汽车维修行业一般采用酸洗的方法,根据产品的不同,其使用方法有所不同,如某品牌的P800—127除锈水施工工艺见表2-10。

除锈水使用说明　　　　　　　　　　　　　　　　　表2-10

P800—127除锈水施工工艺	
适用底材	裸钢材和裸铝材表面,不能用于任何镀锌板材上
	P800—127　　　　　　　　1份 水　　　　　　　　　　　2份
	用聚乙烯或橡胶器皿盛装
	用长柄刷子均匀刷涂在金属表面,在坑洼的金属表面用铁丝球或菜瓜布蘸少许混合溶液进行打磨
	在铝材表面只能用菜瓜布蘸混合溶液进行打磨
	不能让除锈溶液自行干燥,用洁净水清洗金属表面,并立即擦净
重涂	尽快喷涂防腐底漆,针对铝材表面,请先涂饰耐用侵蚀底漆

6 打磨羽状边

旧涂膜的边缘一般很厚,特别是重新喷涂过和刮过原子灰的涂层,为了产生一个平滑的边缘,使施涂的各涂层平滑过渡,需要对涂膜的边缘进行打磨,这步工序称为磨缘,也称打磨羽状边。打磨羽状边的一般操作步骤如下：

（1）穿戴好合适的劳保防护用品。

（2）将 P120 干磨砂纸孔对孔粘贴在振幅为 7mm 的双作用打磨机上，并调节好转速。

（3）将打磨机平放或按 5°～10° 的夹角放在工件上，让砂纸一半的面积正好压在旧涂层边缘，另一半放在损伤区域内。

（4）启动打磨机，按照打磨机旋转的方向沿旧涂层边沿移动（图2-33），将旧涂层边沿磨出合适宽度的坡口（图2-34）。

对于原厂漆一般要求坡口宽度不小于30mm，才能保证涂膜边缘平滑过渡。修补过的涂层一般要比原厂漆涂层厚，所以修补涂层每层的坡口宽度应不小于10mm。一般以手触摸坡口，没有明显的台阶和较陡的坡度为原则。

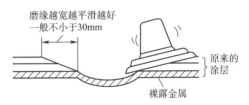

图 2-34　磨缘的宽度

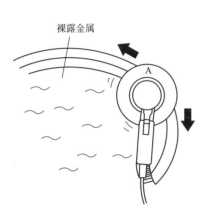

图 2-33　打磨机的移动方向

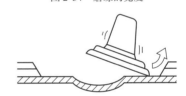

图 2-35　不正确的打磨角度

提示：在打磨过程中如果按照图2-35和图2-36所示的方法打磨，将会导致裸金属区域范围越磨越大，而不会产生想要的羽状边缘。

（5）通过目视和用手触摸的方法检查打磨效果，确保所有边缘没有明显台阶，涂层边缘圆滑，如图2-37所示。

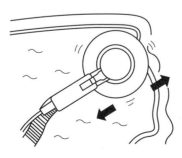

图 2-36　不正确的移动方向

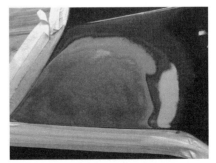

图 2-37　打磨好的羽状边效果图

7 粗化羽状边周围区域

在喷涂底漆或刮涂原子灰过程中不可避免地会扩大范围至羽状边外，如果外围区域不进行适当处理,底漆或原子灰涂装上去之后会产生附着力不良的情况,所以在羽状边打磨完成后,还要对周围区域进行合理的粗化。

周围区域打磨范围的大小应根据后续工序确定,如果是直接刮涂原子灰或涂抹底漆,一般扩大至羽状边边缘30~50mm的区域即可;如果是喷涂底漆,应该打磨至羽状边边缘100~150mm的区域。羽状边周围区域的粗化一般操作步骤如下:

(1)穿戴好工作服、护目镜、过滤式面罩、耐溶剂手套、安全鞋等劳保防护用品。

(2)将合适型号的干磨砂纸正确粘贴在振幅为7mm的双作用打磨机上,并调节好转速。

干磨砂纸型号的选用应根据后续涂层类型来决定,如果是直接刮涂原子灰的,可以在打磨完羽状边后,直接利用P120干磨砂纸进行打磨;如果是要喷涂底漆的应该选用P180~P240干磨砂纸进行打磨。

(3)将打磨机平放在需要打磨的区域,然后启动打磨机,将羽状边外合理范围内的旧涂层磨毛至没有光泽即可(图2-38)。

提示:尽量不要将羽状边外面的旧涂层磨穿,以防形成新的变形。

(4)用风枪和擦拭布清洁干净工件表面,完成表面前处理工作(图2-39)。

图2-38 羽状边周围区域的粗化

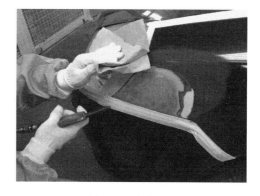
图2-39 清洁工件

三 学习拓展

1 磷化处理

金属表面在除油、除锈后,为了防止重新生锈,通常要进行化学处理,使金属表面生成一层保护膜,通过该膜增强金属的防锈性能和提高后续涂层与底材之间的附着力。常用的表面化学处理方法有氧化、磷化、钝化三种,磷化是化学处理的中心环节,是一种简单可靠、成本低廉、操作方便的工艺方法。

磷化处理一般是将成型的车身浸没于磷酸锌溶液中(有些厂家采用喷淋的方法),由于化学反应在钢板表面形成一层致密的磷酸锌膜,这层磷酸锌膜不易与酸、碱发生反应,以此提高钢板的防腐性能。

磷化处理的方法主要有喷淋磷化法、浸泡磷化法、涂覆磷化法等。由于白车身结构复杂,所以新车制造时为了获得全面、均匀的磷化膜,一般采用浸泡磷化的方法。

新车制造涂装前磷化的主要作用如下:

(1)提高金属底材的耐腐蚀性。磷化膜虽然薄,但由于它是一层非金属的不导电隔离层,能使金属工件表面的优良导体转变为不良导体,抑制金属工件表面微电池的形成,进而有效阻止涂膜的腐蚀。

(2)提高金属底材的附着力。金属底材表面在磷化后会形成一个多孔的、结合紧密的磷酸锌膜层,后续涂层涂料通过渗透到这些孔隙当中,与磷化膜紧密结合,从而提高了涂层间的附着力。

(3)提供清洁的表面。磷化膜只有在无油污、无锈蚀的金属工件表面才能产生,因此,经过磷化处理的金属工件,一定是清洁、无油脂、无锈蚀的表面。

❷ 新车制造时的磷化处理

为了增强车身钢板的防腐能力,以及提高底漆的附着力,一般汽车制造厂在新车制造时还会对车身进行磷化处理。磷化处理的一般工艺如下:

(1)将车身浸入磷酸肽溶胶中,使磷酸肽在车身钢板表面形成凝胶状表层(图2-40)。

(2)将车身浸入由磷酸锌、磷酸和加速剂组成的处理溶剂中(图2-41),使车身钢板表面形成磷化层。

(3)用大量的水对经过磷化处理的车身进行冲洗,清除干净残留的磷酸锌等残留物(图2-42)。

(4)再用纯水冲洗车身,为电泳底漆去除残留的、阻碍电泳底漆附着的多余磷酸锌离子。

(5)将清洗干净的车身置于约100℃的烘烤炉内烘烤(图2-43),以干燥车身上的水渍。

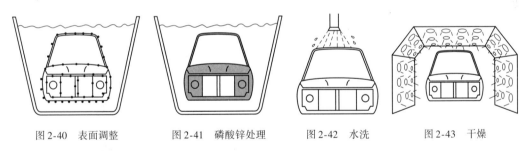

图2-40 表面调整　　图2-41 磷酸锌处理　　图2-42 水洗　　图2-43 干燥

四 评价与反馈

❶ 自我评价

1)理论知识掌握情况

(1)汽车涂装有什么特点?

(2)涂料一般由哪几种物质组成？每种物质的作用是什么？

(3)涂料有哪些分类方法？

2)实践技能掌握情况

(1)劳保防护用品的选择。请根据表2-11所示内容，在相应的防护用品下面打"√"。

汽车表面漆前处理工作中的劳动保护　　　　　　　　　　　表2-11

任务名称	推荐的防护用品							

涂层种类及底材鉴别								
损坏程度评估								
打磨法除旧涂层								
化学法除旧涂层								
打磨法除锈								
化学法除锈								
羽状边打磨								
羽状边周围粗化								

(2)汽车表面前处理的规范工艺流程。请根据本节所学知识，完成表2-12所示内容。

汽车表面漆前处理的工艺流程　　　　　　　　　　　表2-12

序号	主要操作步骤	所需要的工具、设备及材料	技术或质量要求

(3)请对本学习任务的学习内容及学习效果进行总结。

签名:_____   ___年__月__日

❷ 小组评价

根据表2-13的评价项目对小组的任务实施情况做出评价。

小组评价情况表　　　　　　　　　　　　　　表2-13

序号	评价项目	评价情况
1	着装是否符合要求	
2	是否能合理规范地使用仪器和设备	
3	是否按照安全和规范的流程操作	
4	是否遵守学习、实训场地的规章制度	
5	是否能保持学习、实训场地整洁	
6	团结协作情况	

参与评价的同学签名:_____   ___年__月__日

❸ 教师评价

_____
_____。

教师签名:_____   ___年__月__日

五 技能考核标准

汽车表面漆前处理技能考核标准表见表2-14。

汽车表面漆前处理技能考核标准表　　　　　　　　表2-14

序号	项目	规定分	评分标准	得分
1	鉴定旧涂层和底材的种类	15分	未正确穿戴防护用品扣1分/次	
			未正确使用鉴定旧涂层的方法扣2分/种,未正确鉴定旧涂层涂料类型扣3分	
			未正确鉴定底材种类扣3分	
2	评估损坏程度	20分	未正确使用评估损坏程度的方法扣2分/种	
			未正确判断受损区域及程度扣5分	
			未正确确定施工方法及施工范围扣5分/项	

续上表

序号	项 目	规定分	评 分 标 准	得分
3	除旧涂层	25 分	未正确穿戴防护用品扣 1 分/次	
			未根据工件实际情况正确选择打磨机类型扣 3 分,未正确使用打磨机扣 2 分/次	
			未正确选择和使用砂纸型号扣 2 分/次	
			打磨范围不正确扣 2 分,打磨不彻底扣 1~3 分(视情况而定)	
			未及时正确处理相关工具、设备、材料扣 2 分/项	
4	除锈	10 分	未正确穿戴防护用品扣 1 分/次	
			工具材料选择不当扣 2 分	
			除锈方法不正确扣 3 分,有残留锈迹扣 2 分	
			未及时正确处理相关工具、设备、材料扣 2 分/项	
5	打磨羽状边	30 分	未正确穿戴防护用品扣 1 分/次	
			未正确选择打磨机类型扣 3 分,未正确选择砂纸型号扣 2 分/次	
			未正确使用打磨机扣 2 分/次,未正确打磨羽状边扣 1 分/次	
			羽状边边缘不平滑扣 2~5 分(视情况而定),形状不圆滑扣 1~3 分(视情况而定)	
			未及时正确处理相关工具、设备、材料扣 2 分/项	
6	粗化	10 分	未正确穿戴防护用品扣 1 分/次	
			未正确选择打磨机及砂纸型号扣 2 分/项	
			未正确使用打磨机扣 2 分/次	
			粗化范围不合理和不均匀扣 2~5 分(视情况而定)	
			未及时正确处理相关工具、设备、材料扣 2 分/项	
	总分	100 分		

项目二 汽车面漆前的涂装

学习任务3 汽车底漆的施工

学习目标

知识目标

1. 明确汽车涂层的分类及其作用；
2. 熟悉涂料的干燥方法；
3. 掌握汽车底漆的作用及要求；
4. 掌握常用汽车底漆的种类及特点。

技能目标

1. 能完成相关工具设备材料的使用及维护；
2. 能完成工件的遮蔽；
3. 能完成底漆的调配；
4. 能完成喷枪的调节及测试；
5. 能完成底漆的喷涂；
6. 能完成喷枪的清洁。

建议课时

12课时。

 任务描述

经过表面漆前处理后的翼子板，露出了金属底材（图3-1），如果直接刮涂原子灰来恢复工件的形状,则有可能防锈能力或附着力达不到技术要求。现在请你对裸露底材部位进行规范的底漆处理(图3-2),以达到和满足后续涂层涂装的要求。

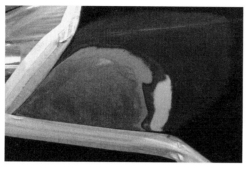

图3-1　底漆施工前的效果

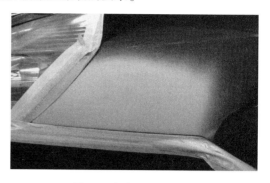

图3-2　底漆施工后的效果

一　理论知识准备

1　汽车涂层的分类及作用

汽车油漆涂层的层数一般随着车辆要求的不同而不同,作为保护性和装饰性要求最高的轿车,其涂层一般有以下几种形式的涂层结构。

(1)原厂涂层。汽车原厂涂层一般包括底漆层、中涂层和面漆层三层结构,如图3-3所示。

(2)修补涂层。汽车修补涂层若采用标准的工艺,其涂层结构如图3-4所示。如果采用简化工艺,其涂层结构如图3-5所示。

面漆
中涂底漆
底漆
底材

图3-3　原厂汽车涂层

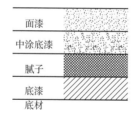

图3-4　标准汽车修补涂层

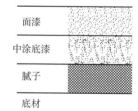

图3-5　简化汽车修补涂层

汽车各涂层的主要作用见表3-1。

表3-1　汽车涂层的类型及主要作用

涂层类型		主　要　作　用
底漆层		保护底材,防止锈蚀,提高附着力
中涂层	原子灰层	填补凹陷,恢复或塑造表面形状
	中涂底漆层	填补细小缺陷,封闭底层,提高丰满度
面漆层		提供颜色、亮度、力学性能、保护性能

2　涂料的干燥方法

涂料的干燥成膜是指涂料施工后,由液态或黏稠状涂膜转变成固态涂膜的化学和物理变化过程。为了达到预期的涂装目的,除了合理地选用涂料,正确地进行表面处理和施工外,充分而适宜的干燥过程也是重要的环节。涂料的干燥方法主要有:

(1)自然干燥。自然干燥也称空气干燥,它是指涂膜可以在室温条件下自行干燥。可自然干燥的涂料包括溶剂挥发型涂料、氧化聚合型涂料和双组分型涂料等。自然干燥型涂料由于在自然环境下就可以固化,对促进涂膜固化的设备要求不高或不要求,因此应用广泛。

但是涂料采用自然干燥时一般要求环境温度不低于15℃,湿度不大于80%,否则会影响涂膜的正常干燥。

(2)加速干燥。加速干燥是为了缩短涂装施工周期,加快生产速度和效率,在自然干燥型涂料中加入适量催干剂或是采用低温烘烤(50~80℃)的办法来加速涂膜固化的方法。例如双组分聚氨酯涂料在常温下需要24h才能完全干燥,而在加入催干剂时只需5~6h就可干燥,在60℃时仅仅需要0.5h即可干燥。

(3)高温烘烤干燥。有些涂料在常温或低温状态下是不能干燥成膜的,一定要在比较高的温度(120~180℃)下,树脂才会发生化学反应而交联固化成膜,这种干燥方法称为高温烘烤干燥。

提示:需要进行高温烘烤才能干燥的涂料,即热聚合型涂料称为高温涂料,能采用自然干燥或低温烘烤干燥的涂料称为低温涂料。汽车制造厂在新车制造时,为了满足流水线作业形式的要求,通常使用高温烘烤型涂料。而在汽车修补涂装作业中,由于汽车上已有汽油、润滑油、塑料、玻璃等不耐高温的材料,所以只能采用低温涂料。新车涂膜在硬度、附着力、耐久性、耐腐蚀性、抗氧化和保光性、保色以及涂料的鲜映性等方面都有较严格的质检要求,修补时只有采用了同等质量的低温涂料并采取严格的工艺施工,才能将车辆的涂膜恢复至原来的质量。

❸ 底漆的作用及要求

底漆即底涂层用漆,它是直接涂布于物体表面的涂料,是被涂物面与涂层之间的黏结层,它可以使其上面的各涂层牢固地结合并覆盖在被涂物体上,同时底漆在钢铁表面形成干膜后,可以隔绝或阻止钢铁表面与空气、水分及其他腐蚀介质的直接接触,起到缓蚀保护作用。

汽车涂装由于既属于高级保护性涂装,又属于中高级装饰性涂装,所以汽车上选用的底漆应该具备如下特点才能满足要求:

(1)对经过表面预处理的底材表面应具有良好的附着力,干燥后所形成的涂膜要有良好的机械强度。

(2)用于金属表面的底漆必须具有极好的耐腐蚀性、耐水性和附着力。

(3)底漆与中间涂层或面漆层配套性良好,不会出现如咬底、起皱等不良反应。

(4)底漆应具有良好的施工性能。制造涂装用的底漆要能适应流水线作业,修补涂装用的底漆要能适应手工修补作业。

❹ 常用底漆的种类及特点

底漆产品种类繁多,现在汽车修补涂装中用于金属表面的底漆主要是环氧底漆和侵蚀底漆两种。

1) 环氧底漆

环氧底漆是以环氧树脂为主要成膜物质制成的底漆,是物理隔绝防腐底漆的代表,可根据需要制成多种形式的产品,如高温烘烤型、双组分型、单组分型等。

环氧底漆具有如下优点:附着力极强,对金属、木材、玻璃、塑料、陶瓷、纺织物等都有很好的附着力和黏结力。涂膜韧性好,耐挠曲,且硬度也较高。有良好的电绝缘性,耐久性、耐热性良好。耐化学品性优良,尤其是耐碱性更为突出,因为环氧树脂的分子结构内含有醚键,而醚键在化学上是最稳定的,所以对水、溶剂、酸、碱和其他化学品都有良好的抵抗力。

环氧树脂类涂料也存在一定的缺点,比如耐候性差,表面粉化较快,这也是它主要用于底层涂料的原因之一。

提示:一般环氧底漆使用胺类作为固化剂,对人体和皮肤有一定的刺激性,因此在使用时要注意防护。目前也有使用异氰酸酯固化剂的环氧底漆,所使用的固化剂和其他双组分中涂底漆相同,且较为快干。

2) 侵蚀底漆

侵蚀底漆是以化学防腐手段来达到防腐目的的,主要代表为磷化底漆。磷化底漆是以聚乙烯醇缩丁醛树脂溶于有机溶剂中,并加入防锈颜料(四盐锌铬黄)等制成,使用时与分开包装的磷化液按一定比例调配后喷涂。品牌漆中的磷化底漆一般都已经制成成品,按一定的比例加入活化剂使用即可。

磷化底漆涂布后能将金属表面通过化学反应生成一层不导电、多孔的磷化膜,一般称为转换涂层。磷化膜具有多孔性和不良导电性,使上层涂料能渗入到这些孔隙中,而不良导电性也预防了电化学腐蚀的形成。

磷化底漆能提高底漆对金属表面的附着力、耐蚀能力及热老化性能,可代替磷化处理,适用于各种金属(如钢、铁、铝、铜及铝镁合金等),并能耐一定的温度,可做烘烤面漆的底漆,但由于成膜很薄,一般不能单独作为底漆使用,必须与其他底漆配套使用。

磷化底漆的使用方法以及注意事项如下:

(1) 磷化底漆可喷可刷,喷涂工作黏度为 16~18s(涂-4 杯,20℃),涂膜以 10~15μm 为宜,厚了效果反而差。

(2) 磷化底漆是双组分涂料,一般分为漆料和活化剂。使用时应将两个组分混合后才可使用,而活化剂是专做磷化底漆配套使用的,不是溶剂,用量不能任意增减。要严格参照供应商要求的混合比例调配。

(3) 使用前应将磷化底漆搅拌均匀,然后倒入非金属的容器内,边搅拌边慢慢地加入活化剂,调配后一般要放置 20min(20℃时)再使用(具体参照产品技术说明)。调配后的磷化底漆必须在混合寿命内用完。

(4) 施工环境要求比较干燥,以防止涂膜发白,影响涂膜附着力和使用效果。

(5) 磷化底漆涂装的表面应经过前处理,达到无水、无油、无锈、无旧涂层等状态,才可施工。

(6) 喷涂了磷化底漆的底材,一般干燥一定的时间(参照供应商的要求)后即可喷涂其他底漆，无须打磨。

环氧底漆与磷化底漆对底材都具有良好的防腐性，对其上的涂层也都具有良好的黏结能力，但由于磷化底漆上面不能直接刮涂原子灰，所以在汽车修补涂装中一般使用环氧底漆用于钣金操作后或刮涂原子灰之前对裸金属的防腐处理。

二 任务实施

1 底漆施工前的准备工作

1）主要工具设备的准备

（1）调漆比例尺。调漆比例尺是在调配涂料时用来测量涂料体积比和搅拌涂料用的专用尺（图3-6）。调漆比例尺上面已经将常用的一些体积比计算好，添加时只要按比例尺上显示的分量添加就可以了。

（2）遮蔽纸切纸机。遮蔽纸切纸机是方便遮蔽纸、遮蔽薄膜的储存及切取的工具。架子上装有小轮，可装纸胶带，与遮蔽纸一起拉出并切除，如图3-7所示。

图3-6 调漆比例尺　　　　　　　　图3-7 遮蔽纸切纸机

（3）黏度计。黏度计是用来测量涂料稀稠黏度的工具。只有将涂料调到合适的黏度，才能保证最好的涂装效果。现在常用的涂-4黏度计和美国福特4号杯黏度计（图3-8）的使用方法如下：

① 将黏度计装置于合适高度的水平位置上。

② 将涂料搅拌均匀，将环境温度控制在25℃±1℃，然后静置2min以上，使试样中的空气逸出。

③ 用手指堵住漏嘴孔，将涂料试样倒满黏度计。

④ 松开手指，使试样漏出，并同时开动秒表，当试样漏出中断时，停止秒表。试样从黏度计流出的全部时间（s）即为试样的黏度。

⑤ 用同样方法再测试一次，两次测定值之差不应大于平均值的3%即为测试结果。

（4）喷枪。涂装的方法很多，如刷涂法、浸涂法、空气喷

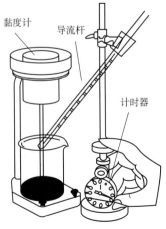

图3-8 福特4号杯黏度计

涂法、静电喷涂法、粉末涂装法、电泳涂装法以及高压无气喷涂法等。汽车维修涂装主要采用空气喷涂法进行涂装。空气喷涂法就是以压缩空气的气流为动力,以喷枪为工具,使涂料从喷枪的喷嘴中喷出呈漆雾状而涂布到工件表面的一种施工方法。

喷枪是空气喷涂的关键设备,其质量好坏及操作人员对喷枪的熟练掌握程度对涂装修补的质量影响很大。我们将从以下几个方面来了解喷枪。

①喷枪的类型。现在常用的空气喷涂喷枪种类很多,根据不同特点可以分为以下几种类型。

a. 按用途来分:底漆喷枪、面漆喷枪、小修补喷枪(表3-2)。

三种不同类型喷枪的特点及用途　　　　　　表3-2

类型	特点	用途
底漆喷枪	喷嘴口径一般为1.6~1.9mm,雾化均匀,喷幅中心区宽大、喷幅集中,能很好地满足底漆涂装时的填充及遮盖要求	主要用于底漆、中间涂料的喷涂
面漆喷枪	喷嘴口径一般为1.3~1.5mm,雾化精细,喷幅雾化区宽大、喷幅分散,能很好地满足面漆着色和装饰的要求,达到颜色均匀、涂层饱满的效果	主要用于色漆、清漆等面漆涂层的喷涂
修补喷枪	喷嘴口径较小(0.3~1.4mm),只需要较小的喷涂气压(70~200kPa),可以喷出较薄的涂层,减少漆雾反弹,有效控制喷涂区域,提高修补质量,减少涂料消耗	适合喷绘图案、小面积涂装、局部修补或过渡喷涂

底漆喷枪与面漆喷枪的喷幅比较如图3-9所示。

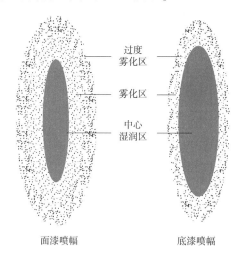

图3-9　面漆与底漆的喷幅比较

b. 按涂料的供给方式分:吸力式喷枪、重力式喷枪和压力式喷枪(表3-3)。

三种不同类型喷枪的喷涂原理及特点   表3-3

喷枪类型	喷涂原理	优 点	缺 点
重力式	涂料罐位于喷嘴上方,涂料由于重力作用流向喷嘴,与喷枪前端的压缩空气混合后,被吹散雾化喷出	涂料黏度的变化对喷出量影响小,节省涂料,适合较小面漆的喷涂	涂料罐在喷嘴上方,影响喷枪的稳定性;涂料罐容量小(一般在500mL左右),不适合喷涂较大面积
吸力式	涂料罐位于喷嘴下方,压缩空气经过喷嘴时形成负压区,杯中涂料通过大气压的作用向上进入喷嘴,与喷枪前端的压缩空气混合后,被吹散雾化喷出	喷涂操作稳定性好,便于向涂料罐中添加涂料或变换颜色,涂料罐容量比重力式喷枪要大,适合一般喷涂工作	喷涂水平表面困难;涂料黏度变化对喷漆量影响较大,涂料罐容量比重力式大(一般在1000mL左右),因而操作人员易疲劳
压力式	涂料罐与枪体分离,靠软管连接,通过向涂料罐加压让涂料流入枪体,与喷枪前端的压缩空气混合后,被吹散雾化喷出	涂料罐容积大,喷涂大型表面时不必停下来向涂料罐中添加油漆;也可使用高黏度涂料。适合大面积或连续作业	变换颜色及清洗喷枪需要较多时间,所以不适合小面积喷涂

c.按雾化技术分:高气压喷枪、低流量中气压喷枪和高流量低气压喷枪。

此三种喷枪在外形上没有多大区别,只是在内部结构上会有所不同,高气压喷枪即为传统喷枪,其雾化气压较高,耗气量大,涂料有效利用率低。高流量低气压喷枪也称为HVLP喷枪,其雾化气压低,上漆率高。低流量中气压喷枪也称为RP喷枪,它的各项性能居中。表3-4所示为以上三种喷枪的使用技术参数差异比较。

三种喷枪的技术参数差异比较   表3-4

技术参数 \ 雾化技术	传统(高压)	RP(中压)	HVLP(低压)
	气压雾化	气压、气流雾化	气流雾化
进气压力(MPa)	0.3~0.4	0.25	0.2
雾化压力(MPa)	0.2~0.3	0.13	0.07
耗气量(L/min)	380	295	430

②喷枪的组成及各部分的作用。

a.典型喷枪的结构如图3-10所示,空气帽正面形状如图3-11所示。

b.喷枪主要零件的作用见表3-5。

③喷枪的基本操作方法。对喷涂工作而言,要想获得良好的效果,正确的喷涂方法是非常重要的。在喷涂时必须要注意以下几个方面:

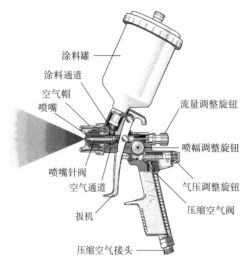

图 3-10 典型喷枪的结构

图 3-11 空气帽的结构

喷枪主要零件的名称及作用 表 3-5

序号	零件名称	作　用
1	空气帽（又称风帽）	把压缩空气导入漆流，使漆液雾化，形成雾形
2	空气帽上的中心孔（又称主雾化孔）	形成真空，吸出漆液
3	空气帽上的辅助孔（又称辅助雾化孔）	（1）促进漆液雾化 （2）孔大或多，则雾化能力强，能以较快的速度喷涂大型工件 （3）孔小或少，则需要的空气少，雾形小，喷涂量小，便于小工件的喷涂或低速喷涂
4	空气帽上的侧孔（又称扇幅控制孔）	借助空气压力控制雾束形状
5	雾形控制阀	（1）控制阀关上，雾束呈圆形 （2）控制阀打开，雾束呈椭圆形
6	顶针	控制液体涂料喷离喷嘴的流量。喷涂时，通过扳机的动作来控制。连接顶针的尾部有一个螺母，用以调节顶针的伸缩幅度，这是喷枪调整的最基本的操作
7	顶针弹簧	当扳机放开时，将顶针压进喷嘴，封闭喷嘴，控制液体涂料的流动
8	喷嘴	导出涂料以及让压缩空气在喷嘴前端形成环形气流，喷嘴口径大小决定涂料喷出量的大小
9	漆流控制阀	当扳动扳机时，控制液体涂料的流量。当其全关时，即使扣死扳机也没有液体涂料流出。当其全开时，液体涂料的流量最大。这是调节喷枪的最为重要的元件之一

续上表

序号	零件名称	作用
10	空气阀	空气阀的开关由扳机控制。打开空气阀所需的扳机行程可由一个螺钉控制。扳机扳到一半时空气阀打开,再扳扳机,喷漆嘴打开
11	扳机	扳机用来控制空气和液体涂料的流量。扣动扳机时,最先启动的仅仅是空气,然后才带动顶针运动,开启漆流控制阀,使液体涂料喷出

a. 喷枪与待喷工件表面的距离。正确的喷涂距离应与喷枪的种类、喷涂的气压、喷幅大小以及涂料种类相配合,一般的喷涂距离为15~25cm。如果喷涂距离过短,则涂料会堆积,形成流挂;如果距离过长,稀释剂挥发太多,会使飞漆增多,漆雾不能在物体表面成膜或涂膜粗糙无光,如图3-12所示。

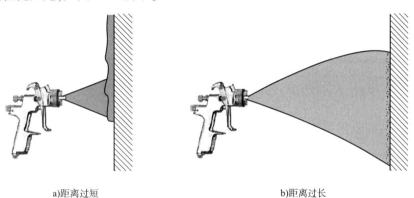

a) 距离过短　　　　　　b) 距离过长

图3-12　喷涂的距离

b. 喷枪与喷涂工件表面的角度(图3-13)。喷枪无论是在垂直方向还是在水平方向移动时与喷涂表面必须始终垂直。施工人员双脚分开,比肩稍宽,右手持枪,左手抓住空气软管,喷涂过程中左右移动整个身体,不能跨步,也不允许由手腕或肘部做弧形的摆动。

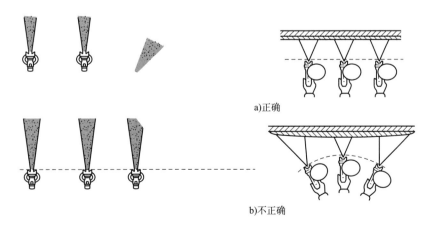

a) 正确

b) 不正确

图3-13　喷涂的角度

c. 喷枪的移动速度。喷枪的移动速度与涂料的干燥速度、涂料黏度以及环境温度有关,一般以30~60cm/s的速度匀速移动。具体操作时要以喷涂出来的涂层效果决定喷枪的移动速度。如果喷枪的速度过快,会导致涂层过薄,粗糙无光;如果速度过慢,会导致涂层过厚出现流挂。而如果速度不均匀,忽快忽慢,会导致涂层厚薄不均。

提示:喷涂时讲究三到,"手到、眼到、心到"。即喷枪走到的位置,眼睛一定要盯着看,同时随时调整喷枪,以保证达到所要的涂膜效果。

d. 喷枪的喷涂压力。正确的喷涂压力与涂料的种类、涂料的黏度、喷涂的面积和喷枪的类型等有关,喷涂时应参照涂料生产厂商提供的说明而定,或进行试喷确定。压力过低将造成雾化不好,会使稀释剂挥发过慢,涂层易出现"流泪"、"针孔"、"气泡"等缺陷;压力过高会使稀释剂过分蒸发,严重时形成干喷现象。

e. 喷涂方法、路线及重叠幅度。喷涂方法有纵行重叠法、横行重叠法、纵横交替重叠法。喷涂线路应按从高到低、从左到右、从上到下、先里后外的顺序进行。喷涂时喷幅应有一定的重叠,否则很难保证涂膜均匀,重叠幅度一般为喷雾宽度的1/2或2/3(图3-14)。

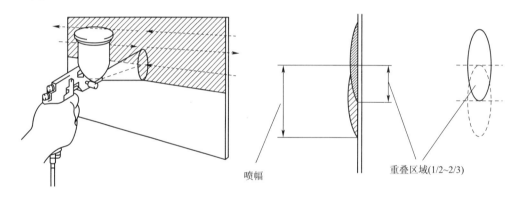

图3-14 喷涂方法及重叠幅度

f. 喷枪扳机的控制。喷枪是靠扳机来控制的,扳机扣得越紧,液体流速越大。扣扳机的正确操作一般分四步:先从遮蔽纸上或工件外面开始走枪,扣下扳机一半,仅放出空气;当走枪到喷涂表面边缘时,完全扣下扳机,喷出涂料;当走至另一边缘时,松开扳机一半,涂料停止流出;反向喷涂时重复上述操作(图3-15)。

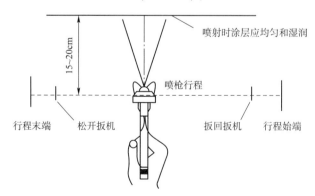

图3-15 喷枪扳机的控制

(5)其他工具及设备。其他还需要用到的工具有风枪、洗枪毛刷等。

2) 主要材料的准备

（1）遮蔽胶带。遮蔽胶带是用来直接粘贴在工件上保护工件的，在打磨或喷涂过程中经常使用。遮蔽胶带种类繁多（图3-16），汽车维修涂装工作中使用的胶带必须具有一定的耐热性、抗溶剂性，不易脱胶，不易断裂，有合适的黏性（既不能太黏使剥离困难，又不能太弱粘贴不牢）。如果胶带质量不好，会给涂装工作造成很大的困扰。

汽车涂装中常用的胶带有：

①按耐热性能分类：用于常温工作的普通胶带；用于低温烘烤或高温烘烤的耐热胶带。

②按胶带的背衬材料分类：用于一般用途的纸质胶带；用于双色施涂及圆边界的塑料胶带；用于缝隙部位的泡沫胶带。

（2）遮蔽纸。遮蔽纸是在工件需要大面积遮盖时使用的，汽车涂装中用的遮蔽材料一般要求干净，不易掉毛，有一定的耐溶剂性，能防止溶剂及涂料渗透，同时价格便宜，容易施工。根据所用材料的材质不同可以分为纸质遮蔽纸、乙烯遮蔽膜、遮蔽覆盖罩三种。其中以纸质遮蔽纸使用较多，应用较普遍；乙烯遮蔽膜主要用于周围大面积的覆盖；遮蔽覆盖罩主要用于像轮胎等部件的遮盖。它们一般制成不同规格大小，以满足不同施工需要（图3-17）。

提示：报纸里面含有碎屑、灰尘及油墨，容易污染涂装表面，造成涂膜质量缺陷，所以禁止使用报纸作为遮蔽纸使用。

图3-16　遮蔽胶带

图3-17　遮蔽纸

（3）底漆及配套固化剂、稀释剂。在选择具体底漆产品时，要根据工件的材质、损伤部位的情况以及所选用的底漆性能特点进行综合考虑，在考虑成本、施工方便性的同时，也要考虑其防锈性能、附着力及与后续涂层的配套性。

（4）其他材料。其他还需要使用到的材料包括除油剂、洗枪稀释剂、擦拭布等。

2　遮蔽工作

遮蔽工作是在喷涂之前所进行的重要工作，即用遮盖材料将不需要涂装的部位或部件保护起来，防止喷涂过程中的漆雾污染。遮蔽的一般操作方法如下：

（1）穿戴好合适的劳保防护用品将工件清洁干净。工件不干净不仅会影响后续涂层的质量,也会影响胶带的粘贴牢固程度。

(2)确定贴护遮蔽的范围及部位。贴护范围一般按照需要喷涂的涂料类型及面积来确定:

①喷涂底漆及中涂底漆时的遮蔽:由于底漆及中涂底漆喷涂时使用的气压较小,漆雾扩散的范围也较小,所以一般可以采用在损伤部位周围进行反向遮蔽(反向遮蔽指遮蔽纸在敷贴时里面朝外),这种方法可以将贴护控制在较小范围内,并减少喷涂台阶,如图3-18所示。

②整块部件喷涂时的遮蔽:大面积部件整块喷涂时(如翼子板、车门、发动机罩等)必须将部件周围(图3-19)及部件当中(图3-20)不需要喷涂的所有部位遮蔽起来,以防止漆雾进入。在对没有边界的部件进行整块喷涂时,先将部件周围遮蔽贴护好,再在过渡处采用反向遮蔽的方法进行遮蔽(图3-21)。

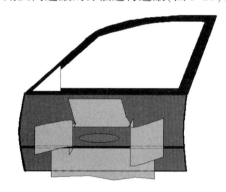

图3-18 施涂底漆及中涂时的遮蔽

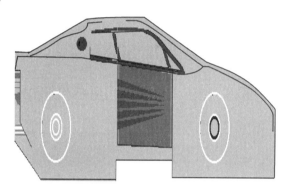

图3-19 整块部件的遮蔽

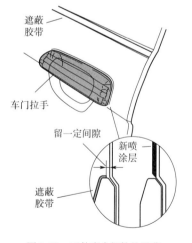

图3-20 工件当中部件的遮蔽

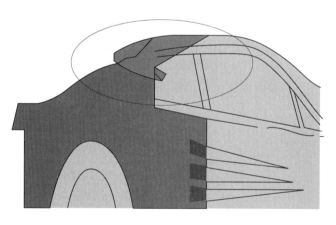

图3-21 工件过渡处的遮蔽

提示:反向遮蔽的目的是为了减少喷涂台阶,所以在喷涂时一定不要将涂料喷涂到遮蔽纸边缘。

(3)取合适长度的胶带与遮蔽纸,并粘贴好。一般胶带贴在遮蔽纸上时只贴一半的宽度即可,另一半用来粘贴在工件上。

(4)按步骤(2)确定的贴护范围及贴护部位进行贴护。喷涂前一定要确保喷涂区域内需要保护的部位已经粘贴好,确保喷漆漆雾不会飞溅到喷涂部位周围的区域。

(5)穿戴好合适的劳保防护用品,再次对需要喷涂的部位进行除油。在贴护过程中可能会再次污染工件表面,所以在贴护完成后应该重新进行清洁除油工作。

❸ 调配底漆

底漆品种很多,不同性质的底漆,不同厂家的产品,同一厂家的不同型号的产品,它们的调配方法都不一样。下面以常用的双组分环氧底漆(以某品牌的 P565-895 超快干无铬环氧底漆为例)进行说明。

(1)查看产品技术说明,确定调配及施工方法。某品牌的 P565-895 超快干无铬环氧底漆的技术说明见表3-6。

环氧底漆的使用说明　　　　　　　　　　　　表 3-6

\	P565-895 超快干无铬环氧底漆施工工艺
适用底材	裸钢材、镀锌板材、铝材、玻璃钢、聚氨酯原子灰、预涂底漆和状态良好的旧涂膜
	P565-895　　　　　　　　　　　　　　　　4 份 P210-938/939/842/8430　　　　　　　　　1 份 P850-1491/1492/1493/1494　　　　　　　1 份
	按体积比混合, 无须预反应时间
	20℃时: DIN4 杯　24～26s BSB4 杯　32～35s
	喷嘴口径:　　　　　　　　喷涂压力:300～350kPa 重力式　1.3～1.5mm 吸上式　1.5～1.7mm
	喷涂一层后,干膜厚度达到 15～20μm
	喷涂中涂底漆前需要 5～10min 闪干 低气温下,闪干时间可以更长 喷涂中涂底漆前的停留时间不得超过 8h
	通常不要求打磨表面 若有需要,请在喷涂 30min 后使用 P1200 砂纸去除尘点

表中 P210-938/939/842/8430 为某品牌不同型号的固化剂代号；P850-1491/1492/1493/1494 为某品牌不同型号的稀释剂代号。它们的使用说明见表3-7及表3-8。

固化剂的使用说明　　　　　　　　　　　　　　　　　表3-7

固化剂类型	适 用 范 围
P210-842 快干高固化剂	适用于 P565-895、P565-777、P565-510/511 系列底漆，P420 系列纯色漆，P190-6850 清漆等，适用于气温25℃以下
P210-8430 标准高固化剂	适用于 P565-895、P565-777、P565-510/511 系列底漆，P420 系列纯色漆，P190-6850 清漆等，适用于气温 20~25℃以下
P210-790 超快干固化剂	针对小面积的修补提供干燥速度最快的工艺(60℃金属温度时只需烘烤 20min)，适用于温度较冷的情况(22℃以下)。 推荐稀释剂：P850-1491/1492
P210-938 标准固化剂	适用于中型和大型面积修补，理想温度范围是 15~25℃。 推荐稀释剂：P850-1491/1492/1493/1494
P210-939 慢干固化剂	适用于中型和大型板块修补，理想温度范围为 25℃以上。 推荐稀释剂：P850-1492/1493/1494

稀释剂的使用说明　　　　　　　　　　　　　　　　　表3-8

稀释剂类型	适用温度范围
P850-1491　低气温稀释剂	15℃以下
P850-1492　标准气温稀释剂	15~25℃
P850-1493　高气温稀释剂	25~35℃
P850-1494　极炎热气温稀释剂	35℃以上

稀释剂的选择应考虑施工温度、空气流通和修补面积大小等因素。在温度较高、空气流通快及修补面积较大时可使用较慢干型号的稀释剂；在温度较低、修补面积较小时可选择较快干型号的稀释剂。

(2)穿戴好工作服、护目镜、过滤式面罩、橡胶手套、安全鞋等劳保防护用品(图3-22)。

(3)用调漆尺或搅拌杆将底漆彻底搅拌均匀。

提示：由于涂料是由多种物质组成的，每种物质的密度不一样，放置过后都会出现不同程度的沉淀，所以一定要养成每次使用涂料之前都彻底搅拌混合均匀的习惯。

(4)按照喷涂的面积所需要的量，将底漆倒入合适的容器或量杯中。每次调漆时必须按照用多少调多少的原则进行，避免不必要的浪费。

(5)按照产品技术说明上所给的比例用调漆比例尺添加适量的固化剂、稀释剂(如表3-6所示内容)。

提示：在选择固化剂及稀释剂时，一定要根据环境温度和喷涂面积选择合适型号的产品，避免因为错选或误选而影响施工速度或涂膜效果。

(6)用搅拌尺将添加好的涂料进行彻底搅拌,保证混合均匀。

(7)根据涂料特点和产品技术说明,选择合适口径的底漆喷枪。喷枪的选择主要是看喷涂涂料的类型特点,双组分环氧底漆中体质颜料较多、涂膜较厚,应该选用口径较大的底漆喷枪进行喷涂。

(8)用过滤网将调配好的涂料过滤到底漆喷枪里面(图3-23)。

提示:如果需要检测及调整黏度,还应使用黏度计做好涂料的黏度调整工作。一般来说,严格按照配方调配的涂料,其黏度可以达到较好的喷涂效果。

图3-22 调漆时的防护

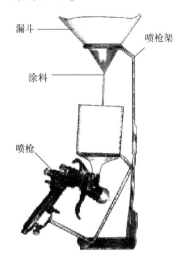
图3-23 涂料过滤

4 调节喷枪

喷枪喷涂效果的好坏,与喷枪的调节有直接关系,喷枪调节的一般操作方法如下。

1)检查喷枪

(1)检查涂料罐上的气孔,确保无污垢堵塞,保持畅通。

(2)检查喷枪上的密封圈、连接部位等,确保无涂料渗漏。

2)调节喷枪

(1)喷枪扇幅雾束大小和方向的调整。

①扇幅雾束大小的调整。把扇幅控制阀全拧进去可得到最小的圆形雾束,把旋钮全拧出来得到的雾形最大,如图3-24所示。喷涂时扇幅的大小应根据喷涂面积和工件的形状来决定,面积较小部位的喷涂可以将扇幅调小一点,节约涂料;面积较大部位的喷涂可以将扇幅调宽一点,提高工作效率。

②扇幅方向的调整。调整空气帽的方向可改变雾束的方向。将空气帽的犄角调整成与地面平行,喷出的雾束呈平面且垂直地面,称为垂直雾束,这种方式用得最多;如果空气帽的犄角与地面垂直,喷出的雾束呈平面且平行于地面,称为水平雾束,这种方式在施工中少见,在大面积施工中进行垂直扫枪时用。

(2)喷枪出漆流量的调整。用漆流控制阀按选定雾形调整漆流量,将控制阀拧出时漆流量增大,控制阀拧进时漆流量减少,如图3-25所示。

(3)喷枪喷涂压力的调整。

①按照涂料产品说明书所提供的施工参数确定底漆的喷涂压力,如图3-26圆圈内所示。对于任何涂料系统而言,最适当的喷涂空气压力只有一个,就是能使涂料获得最好雾化效果的最低空气压力。最佳的压力也是指获得适当雾化、挥发率和喷雾扇形宽度所需的最低压力。

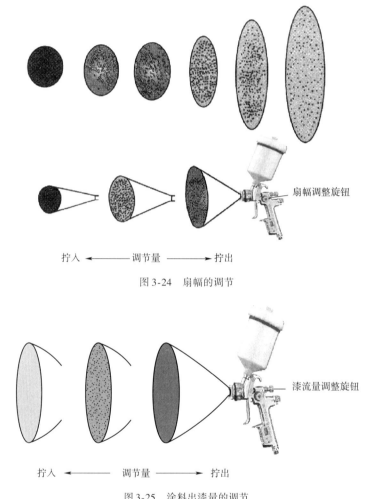

图3-24 扇幅的调节

图3-25 涂料出漆量的调节

压力太高会因飞漆而浪费大量涂料,抵达构件表面前溶剂挥发快导致流动性差,容易产生橘皮等缺陷;压力太低会因溶剂保留得多而造成干燥性能差,涂膜容易起泡和流挂。不同涂料喷涂时所需的空气压力都是不同的。

②通过调节喷枪上的气压控制阀,将枪尾进气压力调节到规定的数值。枪尾压力可以通过气压表或内置的数字显示屏进行显示(图3-27)。

3)涂料分布测试

喷枪调整是否合适,应该通过试喷来检验,也就是涂料雾形测试。雾形测试分为垂直测试和水平测试两种。

（1）垂直测试主要检测喷枪的扇幅形状是否合理。图 3-28 所示为喷涂出来的常见形状及产生的原因。

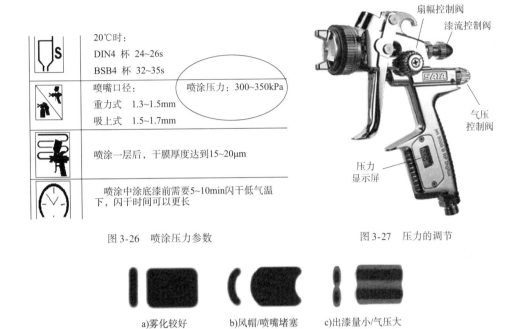

图 3-26　喷涂压力参数　　　　　　　图 3-27　压力的调节

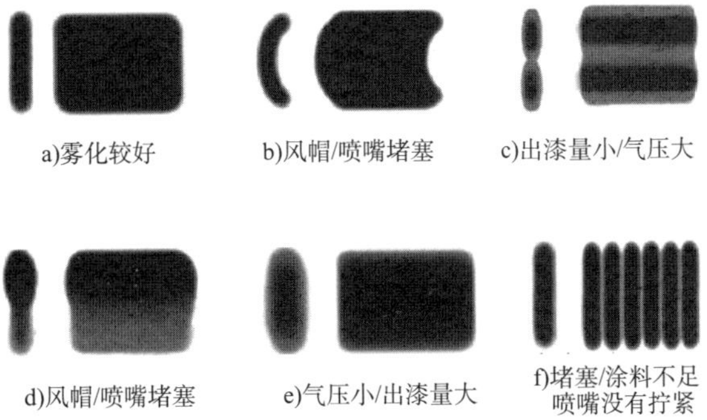

图 3-28　垂直测试喷幅效果

（2）水平测试主要检测喷枪的喷涂压力、出漆量、扇幅大小三个方面的调整是否正确。水平雾形测试的方法如下：

①先松开空气帽定位环并旋转空气帽，使喇叭口处于竖直位置（图 3-29）。

②将喷枪垂直对准遮蔽纸或试喷板，并扣动扳机进行试喷。此时喷出的图案如图 3-30 所示。

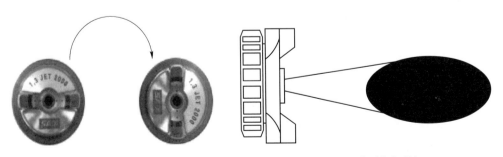

图 3-29　旋转风帽　　　　　　　图 3-30　水平方向喷涂

③扣死扳机持续喷涂,直到涂料开始往下流淌为止。

④检查涂料流挂情况并调整喷枪。一般流挂的图形会接近图3-31所示的形状中的一种。

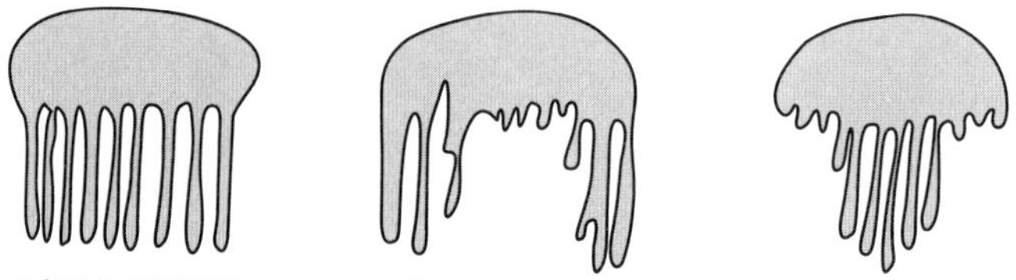

a)合适的喷涂图形　　b)分离的喷涂图形　　c)中间过重的喷涂图形

图3-31　水平测试喷幅效果

a. 如果各段流挂的长度近似相等,则表明涂料雾化较好,喷枪调节准确。

b. 如果流挂呈分开的形状,一般是由于喷幅太宽或气压太低造成的。调节时可以通过减小喷幅宽度,或提高气压,或两者交替调节的方法进行调整,直至流挂基本均匀为止。

c. 如果流挂中间长两边短,则是因为涂料出漆量太大,应适当调紧漆流量控制阀,直到流挂基本均匀为止。

5 喷涂底漆

由于底漆的主要作用是防锈和提高附着力,不需要很好的填充性能,在底漆上面还要刮涂原子灰等中间涂层,所以底漆不用喷涂过厚,一般薄喷两层盖住裸露金属即可。底漆的一般喷涂方法如下:

(1)按照喷涂操作要领里面所示的方法调整好喷枪与工件的距离及角度。

(2)按照横行重叠法,从上往下将裸露金属部位薄喷一遍(图3-32)。

第一遍喷涂时为了避免喷涂过厚,涂料里面的溶剂溶胀旧涂层,发生咬底、起皱等毛病,一般建议不要喷涂太湿,厚度以隐隐约约能看见下面的底材即可。

喷涂范围最好控制在羽状边范围里面,特别注意不要喷到遮蔽纸边缘,避免产生明显的台阶。在一行程的起枪和收枪时,可适当摆动手腕,进行收边。

(3)根据涂料产品技术说明,第一遍喷涂之后静置几分钟时间,让涂料里面的溶剂挥发,直至涂层没有光泽为止,此过程也称闪干。

如果不留一定的时间进行闪干或闪干时间不足就喷涂第二遍的话,容易发生咬底、起皱、流挂等毛病,要处理这些毛病所花的时间可能比闪干的时间要长得多,而且也浪费材料,所以一定要按照产品说明进行施工。

(4)待涂层没有光泽之后再将羽状边范围内正常喷涂一遍(图3-33)。

第二遍的喷涂方法基本与第一遍一样,所不同的是涂层厚度要比第一遍稍厚,要保证第二遍喷涂完之后,不光要盖住底材,而且要形成平滑均匀的涂层,以利于后续涂层施工;第二遍喷涂的范围要比第一遍稍大,这样可以避免形成过多的涂层边缘。

(5)检查喷涂效果,如果没有达到要求可以进行适当修补,达到要求之后等涂层闪干,撕掉遮蔽纸及遮蔽胶带,完成底漆的涂装。

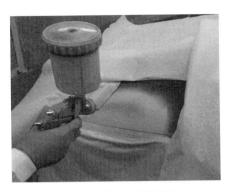
图 3-32 第一遍喷涂效果

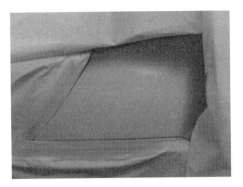
图 3-33 第二遍喷涂效果

提示：对于裸露金属面积较小的工件，有时为了简化施工工艺，也可以采用擦涂法涂装底漆，即用一块干净的擦拭布将调好的底漆均匀地擦涂到裸露金属部位（图 3-34）。

6 清洁喷枪

每次喷涂完成后，一定要及时清洗维护喷枪。特别是双组分涂料，如果不及时清洗，涂料会固化在涂料罐以及喷枪里面的涂料通道里，从而影响喷枪的正常使用。喷枪的手工清洗及维护方法如下：

（1）穿戴好工作服、护目镜、过滤式面罩、耐溶剂橡胶手套、安全鞋等劳保防护用品。

（2）将涂料罐里面的多余涂料倒入废漆存放桶里面，扣动扳机，使枪体涂料通道里面的油漆流出。

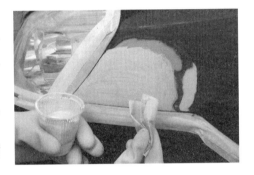
图 3-34 擦涂底漆

提示：废漆料不允许随便弃置，具体要求请查询国家及单位相关规定。

（3）在涂料罐里面倒入清洗喷枪的稀释剂，将喷枪上的所有阀门调至最大，并扣动扳机，将涂料通道冲洗干净（图 3-35）。

（4）调低进气气压，用一块擦拭布将喷嘴堵住，扣动扳机，利用压缩空气逆向冲洗喷枪（图 3-36）。

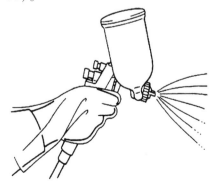
图 3-35 冲洗

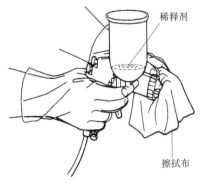
图 3-36 逆向冲洗

提示：此步操作时应将身体侧向一边，避免稀释剂溅到眼睛或身体上造成伤害。

(5)用清洗喷枪专用毛刷蘸取稀释剂后刷洗干净涂料罐内壁(图3-37)。

(6)重复步骤(3)、(4)、(5)直至喷出的稀释剂中不含有任何涂料,然后用毛刷清洁干净涂料罐外壁及枪体外表(图3-38)。

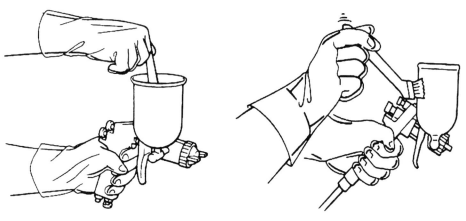

图3-37　清洗涂料罐　　　　　　　图3-38　清洗喷枪

(7)摘掉空气帽,用毛刷清洁干净喷嘴上的涂料(图3-39)。

(8)用毛刷清洁干净空气帽上的涂料(图3-40)。

提示:由于空气帽上的气孔很大程度上影响到喷涂雾形的形状,因此在清洁时要避免损坏空气帽。禁止使用刀片、铁丝或钢丝刷等金属物体来刮、削空气帽上的涂料。如果有干固的涂料不易清除,可将空气帽浸入稀释剂内一段时间,待其溶胀后,再来刷洗。

(9)将喷枪装配好,倒入少量稀释剂,再次连接气管进行冲洗。最后用擦拭布将整个喷枪擦拭干净。

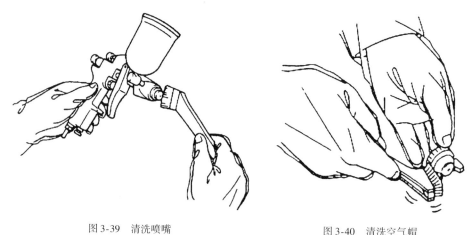

图3-39　清洗喷嘴　　　　　　　图3-40　清洗空气帽

三　学习拓展

1　电泳涂装

电泳涂装是将具有导电性的被涂工件,浸没到涂料槽中,然后分别对工件和涂料槽施加不同电极的直流电,通过物理化学作用将涂料沉积在被涂工件上,形成一层均匀连续的涂膜的涂装方法。电泳涂装最基本的物理原理为带电荷的涂料粒子与它所带电荷相反的电极相吸。将工件置于电泳液中通电后,阳离子涂料粒子向阴极工件移动或阴离子涂料粒子向阳极工件移动,继而沉积在工件上,在工件表面形成均匀、连续的涂膜。当涂膜达到一定厚度(漆膜电阻大到一定程度)时,工件表面形成绝缘层,"异极相吸"动作停止,电泳涂装过程结束。

电泳涂装是一个很复杂的电化学反应,一般认为至少有电解、电泳、电沉积、电渗这四种作用同时发生。电泳涂装是一种特殊的涂膜涂装方法,仅适用于电泳涂装专用的涂料(水性水溶性或水乳液类涂料)。

电泳涂装具有以下特点:

(1)高效。从漆前处理到电泳底漆烘干可实现自动化、流水作业。
(2)优质。其泳透力好,防腐蚀性好,可得到均匀一致的膜厚,外观装饰性好。
(3)安全。采用低公害水溶性涂料,溶剂含量少,减少对环境的污染。
(4)经济。涂料可回收、可反复使用,利用率高。

电泳涂装根据涂料树脂所带电荷的种类分阴极电泳和阳极电泳。阳极电泳指所用涂料树脂是由带羟基团的聚合物经胺中和成盐再水溶,树脂及颜料粒子带负电荷。常见的有聚丁二烯阳极电泳涂料等。阴极电泳指所用涂料树脂是由带氨基的碱性树脂经酸中和成盐再水溶,树脂及颜料粒子带正电荷。常见的有环氧树脂、聚氨脂等阴极电泳涂料。阴极电泳漆相对于阳极电泳漆具有以下优点:

(1)具有优良的防腐性能,对底材的附着力高,对焊缝、锐边保护更好。据统计,阴极涂膜的抗蚀能力优于阳极涂膜5~6倍。从成本角度考虑,膜厚为10μm的阴极电泳漆涂膜,其耐盐雾试验≥400h,而膜厚为20μm的阳漆膜,其耐雾试验仅达到240~360h。
(2)阴极电泳涂料的库仑效率为阳极电泳涂料的2~3倍,可减少30%的耗电量。
(3)阴极电泳的泳透力高,一般为阳极电泳的1.3~1.5倍,在进行复杂工件内部涂装时,可以省略辅助电极,简化电泳涂装工艺和材料消耗。
(4)阴极电泳加工槽液比较稳定,容易控制,不易受杂质离子和微生物的影响而变质。

2 新车制造时的电泳底漆的施工

新车制造时的电泳底漆涂装一般步骤如下:

(1)将干燥的车身全部浸入装满电泳底漆的电泳池中(图3-41),车身和涂料分别被加以不同电极的220~300V电压,涂料中的离子在电动势的作用下聚于车身表面,形成一层涂膜。
(2)将电泳涂装完毕后的车身吊入倾斜架,使车身表面和腔体内多余的电泳底漆流出(图3-42)。
(3)用水冲洗掉车体表面附着不牢的电泳底漆(图3-43)。

(4)将车身送入烘烤炉,通过120~180℃的高温烘烤25~40min使其干燥固化(图3-44)。电泳底漆的膜厚一般为15~20μm。

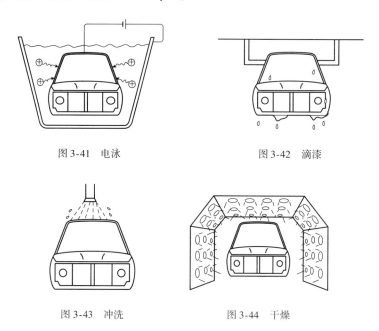

图3-41 电泳　　　　图3-42 滴漆

图3-43 冲洗　　　　图3-44 干燥

四 评价与反馈

1 自我评价

1)理论知识掌握情况

(1)汽车涂层一般分几层？每层的作用是什么？

(2)底漆的作用是什么？汽车用底漆必须具备哪些性能？

(3)常用的汽车修补底漆有哪几种？各有什么特点？

2)实践技能掌握情况

(1)劳保防护用品的选择。请根据表3-9所示内容,在相应的防护用品下面打"√"。
(2)汽车底漆施工的规范工艺流程。请根据本节所学知识,完成表3-10所示内容。

项目二 汽车面漆前的涂装

汽车底漆施工工作中的劳动保护　　　　　　　　　　　　　　　表 3-9

工序	推荐的涂装工防护用品								
清洁									
遮蔽									
除油									
准备涂料									
喷涂涂料									
清洗喷枪									

汽车底漆施工的工艺流程　　　　　　　　　　　　　　　　　　表 3-10

序号	主要操作步骤	所需要的工具、设备及材料	技术或质量要求

（3）请对本学习任务的学习内容及学习效果进行总结。

　　　　　　　　　　　　　　　签名：_____　　___年_月_日

❷ 小组评价

根据表 3-11 的评价项目对小组的任务实施情况做出评价。

小组评价情况表　　　　　　　　　　　　　　　　　　　　　　表 3-11

序号	评价项目	评价情况
1	着装是否符合要求	
2	是否能合理规范地使用仪器和设备	
3	是否按照安全和规范的流程操作	
4	是否遵守学习、实训场地的规章制度	
5	是否能保持学习、实训场地整洁	
6	团结协作情况	

参与评价的同学签名：_____　　___年_月_日

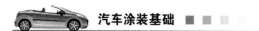

3 教师评价

_____
_____
_____。

教师签名：_____   ___年__月__日

五 技能考核标准

汽车底漆施工技能考核标准表见表3-12。

汽车底漆施工技能考核标准表　　　　表3-12

序号	项目	规定分	评分标准	得分
1	遮蔽除油	10分	遮蔽范围或方法不当扣3分/项，遮蔽不牢固扣1分/处	
			未正确穿戴防护用品扣1分/次，未正确除油扣2分	
			未及时正确处理相关工具、设备、材料扣2分/项	
2	调配底漆	15分	未正确穿戴防护用品扣1分/次	
			使用前未彻底搅拌底漆和固化剂扣2分/次	
			未按正确比例添加固化剂和稀释剂扣3分/次	
			未充分搅拌均匀底漆、固化剂和稀释剂扣2分	
			用量估算过多扣2分	
			未及时处理相关材料扣2分/项	
3	调节喷枪	20分	未正确穿戴防护用品扣1分/次	
			未正确调整喷枪压力扣3分	
			未正确调整扇幅大小及方向扣2分/项	
			未正确调整漆流量扣3分	
			未做涂料分布测试扣3分	
4	喷涂底漆	40分	未正确穿戴防护用品扣1分/次	
			未用粘尘布正确粘尘扣2分	
			喷涂手法不熟练扣2~10分（视情况而定）	
			喷涂层数不合理扣4分，喷涂范围不合理扣2分，每层涂层厚度不合理扣2分/次，未闪干扣1分/次	
			底漆出现流挂、橘皮、涂层不均匀、未盖死扣1~5分/处（视情况而定）	
5	清洁喷枪	15分	未正确穿戴防护用品扣1分/次	
			未正确处理多余涂料扣5分	
			未正确拆装扣2分/次	
			未正确清洗扣1~5分（视情况而定）	
			清洗不干净扣2分/处	
			未及时正确处理相关工具、设备、材料扣2分/项	
	总分	100分		

项目二 汽车面漆前的涂装

学习任务 4　汽车原子灰的施工

 学习目标

★ **知识目标**

1. 明确汽车涂装的基本要素；
2. 掌握汽车用原子灰的作用及要求；
3. 掌握常用汽车原子灰的种类及特点。

★ **技能目标**

1. 能完成相关工具设备材料的使用及维护；
2. 能完成原子灰的调配；
3. 能完成原子灰的刮涂；
4. 能完成原子灰的干燥；
5. 能完成原子灰的打磨及修整。

 建议课时

12 课时。

 任务描述

经过底漆处理后的翼子板(图 4-1)，虽然恢复了底材的保护性能，但是表面并不平整，现在请你对损伤部位进行规范的原子灰处理，以恢复工件表面原来的形状(图 4-2)。

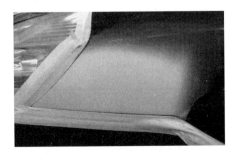
图 4-1　原子灰施工前的效果

图 4-2　原子灰施工后的效果

一 理论知识准备

1 汽车涂装的基本要素

为保证汽车涂装的质量,同时获得最佳的经济效益,涂装时必须充分掌握涂装材料、涂装技术、涂装管理这三个要素。

1)涂装材料

涂装材料的质量和作业配套性是获得优质涂层的基本保障。涂料的种类很多,在选用涂料时要根据实际情况,从被涂件的质量要求、涂料的特点、涂膜的性能、施工性能、经济效益等方面进行综合考虑。如果忽视涂膜性能,单纯考虑涂料的价格,有时会明显地影响涂膜质量,缩短涂层的使用寿命,从而造成更大的经济损失。如果涂料选用不当,涂层间不配套,即使再好的涂料也难保证质量效果。

2)涂装技术

涂装技术的合理性、先进性,是充分发挥涂装材料的性能、获得优质涂层的必要条件,是降低生产成本、提高经济效益的先决条件。涂装技术的合理性、先进性包括涂装工艺的合理性和先进性、涂装设备的先进性和可靠性、涂装环境条件和工作人员的技能、素质等。如果涂装工艺不科学,不仅不能达到最佳的经济效益,严重的还会影响涂装质量;如果涂装设备选择不当,不仅生产效率低下,严重的还会造成涂装返工;如果涂装环境不好,则直接影响到涂膜的质量。另外涂装施工人员的技能熟练程度和责任心是影响涂装质量的人为因素,加强操作人员的培训,提高相关人员的素质是经常必要的。

3)涂装管理

涂装管理是确保所制定的涂装工艺得以认真实施,确保涂装质量的稳定,达到涂装目的和最佳经济效益的重要条件。涂装管理包括:工艺管理、设备管理、工艺纪律管理、质量管理、现场环境管理、人员管理等。在同等条件下企业之间的竞争就是人才和管理的竞争,企业应从管理中要质量、要效益。先进的涂装技术、涂装设备,如果缺乏科学的、严格的管理制度和措施,要想达到满意的涂装效果和最佳的经济效益是不可能的。

上述三个方面是保证涂装效果的基本要素,它们之间相互依存、相互制约,忽视哪一个环节的因素,都不可能达到预想的效果。

2 原子灰的作用及要求

腻子是一类含有大量体质颜料的膏状或厚浆状的涂料,它也是由树脂、颜料(主要是体质颜料)、溶剂、助剂等物质组成。由于现在汽车维修行业所使用的腻子主要是由聚酯树脂制作成的成品腻子,所以一般也称为原子灰,如图4-3所示。原子灰的主要作用是填平底材上的凹坑、缝隙、孔眼、焊疤、刮痕及加工过程中所造成的物面缺陷等问题,达到恢复或塑造工件表面形状的目的。

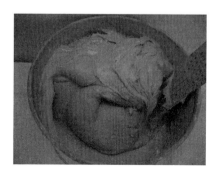

图4-3 原子灰

由于汽车涂装要求的高级保护性及装饰性,在汽车上使用的原子灰必须要具备以下性能:

(1)与底漆、中涂底漆及面漆有良好配套性,不发生咬底、起皱、开裂、脱落等现象,有较强的层间黏合力。

(2)具有良好的刮涂性能,垂直面涂装性能良好,无流淌现象,有一定韧性,附着力好,刮涂时不反转,薄涂时涂层表面均匀光滑。

(3)打磨性良好,涂层干燥后软硬适中,易打磨,不粘砂,能适应干磨或湿磨。打磨后边缘平整光滑且无接口痕迹。

(4)干燥性能良好,能在规定时间内干燥、打磨。

(5)形成的涂层要有一定韧性和硬度,以防汽车行驶中的振动引起原子灰层开裂,轻微碰撞引起低凹或划痕。

(6)具有较好的耐溶剂和耐潮湿性,否则会引起涂层起泡。

3 常用原子灰的种类及特点

原子灰的品种很多,根据现在常用的汽车修补涂装用原子灰的用途来分有如下几种(表4-1)。

常用原子灰的特点及适用范围　　　　表4-1

品　种	主　要　特　点	适　用　范　围
普通原子灰	多为聚酯树脂型,膏体细腻,附着力强,可常温固化、干燥速度快、有一定硬度、收缩性小、不容易开裂等,容易施工,容易打磨,填充能力强	适用于旧涂层、裸钢板等大多数底材表面,不适用于镀锌板、不锈钢板、铝板,以及经磷化处理的裸金属表面等
钣金原子灰	除具有普通原子灰的一切性能外,比普通原子灰拥有更好的附着力、防腐性及力学性能等	除可用于普通原子灰所用的一切场合,还可以直接用于镀锌板、不锈钢板和铝板等裸金属而不必首先施涂隔绝底漆,但不适用于经磷化处理的裸金属表面
纤维原子灰	填充材料中含有纤维物质,干燥后质轻,附着能力和硬度很高,可以厚涂,但表面呈现多孔状,打磨后需要用普通原子灰进行填平	可以直接填充直径小于50mm的孔洞或锈蚀而无须钣金修复,对孔洞的隔绝防腐能力也很强 用于有比较深的金属凹陷部位的填补效果非常好
塑料原子灰	调和后呈膏状,可以刮涂也可以揸涂,干燥后像软塑料一样,与底材附着良好。干后质地柔软,打磨性良好	塑料原子灰适用于一般塑料制品的填补工作
幼滑原子灰	也称填眼灰,以单组分产品较为常见。其膏体细腻,填补能力较差,不耐溶剂,不能大面积刮涂使用。干燥时间很短,干后较软易于打磨,适合填补小针孔或划痕	一般在打磨完中涂层后,喷涂面漆之前使用,主要用途是填补极其微小的小坑、小眼、小砂纸痕等,提高面漆的装饰性

二 任务实施

1 准备工作

1）主要工具设备的准备

（1）刮刀与调灰盘。刮刀是用来将原子灰刮涂到工件上的手工工具（图4-4），根据其制作材料的不同，可以分为橡胶刮板、塑料刮板、金属刮板等；根据其软硬程度又可分为硬刮板和软刮板。

硬刮板由于有一定的硬度，易刮涂平整及填充缺陷，所以适用于刮涂大的凹坑及平面部位。软刮板由于有一定的柔韧性，所以适用于刮涂非平面部位。

金属材料由于可以根据需要制成不同规格，不同软硬程度的刮板，加工方便，通用性强，所以目前使用较多。刮刀的一般握法如图4-5所示。

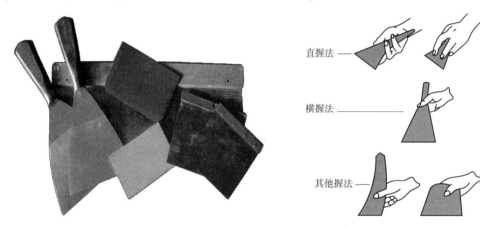

图4-4 刮刀　　　　　　　　　图4-5 刮刀的一般握法

使用刮刀时要注意以下几点：

①刮刀的刮口要保持平直，在使用或清洗时不能使刀口出现齿形、缺口、弧形、弓形等。如果出现变形，在刮涂时则很难将原子灰刮平刮好。

②刮刀每次使用完毕之后，应先用刮刀相互铲除干净，再用毛刷蘸溶剂清洗掉残留的原子灰。一定要避免原子灰固化在刮刀上，否则很难清除干净，严重的会导致刮刀变形。

调灰盘的主要作用是用来盛放原子灰的（图4-6），根据其制作材料的不同，可以分为钢板类的、塑料板类的、木板类的等。根据需要也可以制成不同的规格、形状。

（2）电子秤。电子秤主要是用来称重的（图4-7）。在原子灰的刮涂及打磨工序中使用电子秤主要是为了确定原子灰与固化剂的比例。

（3）红外线烤灯。红外线烤灯的主要作用是用来加速涂层干燥，提高工作效率的。由于汽车修理行业的需要，要求加热装置具有移动性、可变性，因此红外线烤灯一般做成可移动，可独立开关控制，可不同方向、部位调节，可以调节烘烤温度及烘烤时间，可以分别控制预热、加热过程的形式，如图4-8所示。

红外线烤灯根据其红外线波长不同,可以分为近红外线烤灯和远红外线烤灯两种,远红外线烤灯比近红外线烤灯的烘烤速度更快,烘烤质量更高。

图4-6　调灰盘　　　　　图4-7　电子秤　　　　　图4-8　红外线烤灯

(4)炭粉指示剂。炭粉指示剂的主要作用是用来显示涂层缺陷的,如图4-9所示。使用时,用海绵将黑色的炭粉均匀地涂抹到原子灰上,打磨之后,原子灰高的部位的炭粉会被打磨掉,残留有炭粉的部位,说明有气孔或凹陷。

(5)手工打磨块。手工打磨块主要是用来手工打磨及修整涂层的,图4-10所示为各种类型的打磨块。根据其制作材料的不同,可以分为橡胶类的打磨块、塑料类的打磨块、海绵类的打磨块及木制打磨块。根据其软硬程度不同,又可以分为硬打磨块、中等弹性的打磨块及软打磨块。

 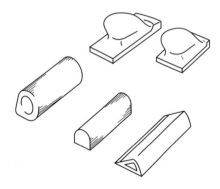

图4-9　炭粉指示剂　　　　　图4-10　各种类型的手工打磨块

硬打磨块一般用来打磨平面或作整平工作时使用;中等弹性打磨块利用它的柔韧性可以用来打磨棱角和非平面部位;软打磨块一般用来作为精细打磨时使用,如抛光漆面前打磨细小的颗粒和橘皮等,不易对漆面造成大的伤害。

各种类型的打磨块可以根据需要制成不同大小、形状的形式,以利于操作。在做手工干打磨时为了避免粉尘过多最好使用带吸尘功能的打磨块。

(6)干磨系统。主要用来机械打磨或手工打磨原子灰用,常用的打磨设备和工具有轨道式干磨机(图4-11)、双作用干磨机(图4-12)及吸尘手刨(图4-13)等。

(7)其他工具及设备。其他还需要用到的工具有风枪、毛刷等。

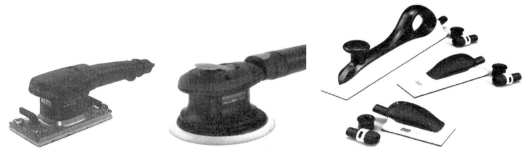

图 4-11　轨道式干磨机　　　图 4-12　双作用干磨机　　　图 4-13　吸尘手刨

2）主要材料的准备

（1）原子灰。原子灰的选择要根据涂装工件的材质、工件的表面情况进行选择。一般在有底漆层或旧涂层工件上面直接刮涂普通原子灰，如果有裸露的金属部位则建议先刮涂钣金原子灰，以增强其附着力和防腐能力，如果是塑料材质的部件则应使用塑料原子灰，如果需要填补小孔和裂缝等，则应使用纤维原子灰。对于原子灰打磨后或工件表面出现的细小针孔、划痕等则可以直接刮涂填眼灰。

（2）砂纸。根据在打磨原子灰过程中需要用到的打磨块、打磨机类型准备好各种规格、型号的砂纸（图4-14）。

图 4-14　各种型号、规格的砂纸

（3）其他材料。其他还需要使用到的材料包括除油剂、稀释剂、抹布、擦拭布等。

2　调配原子灰

（1）穿戴好工作服、护目镜、过滤式面罩、橡胶手套、安全鞋等劳保防护用品（图4-15）。

（2）根据底材材质及表面状况选择合适的原子灰类型。

本次施工的工件底材为镀锌板，在裸露金属上面已经施涂过防锈底漆（环氧底漆），所以我们可以选择普通原子灰来进行刮涂（图4-16所示为某品牌的普通原子灰）；如果没有施涂防锈底漆，在裸露金属面积较小的情况下，也可以直接刮涂钣金原子灰（图4-17所示为某品牌的万能钣金原子灰）。

（3）根据选用的具体产品，查阅相关资料或技术说明，确定混合比。

混合比有质量比和体积比两种形式，使用时要注意区分。如本次使用的某品牌P551—1050普通型原子灰为质量比，其混合比见表4-2。

图 4-15　调配原子灰时的防护

图 4-16　普通原子灰

图 4-17　钣金原子灰

P551—1050 普通原子灰使用说明　　　　　　　表 4-2

环境温度	固化剂用量
当环境温度小于 10℃ 时	固化剂约加入原子灰质量的 3%
当环境温度在 10~20℃ 时	固化剂约加入原子灰质量的 2%
当环境温度大于 20℃ 时	固化剂约加入原子灰质量的 1%

提示：原子灰的混合比有一定的范围，超出这个范围都会导致固化不良，严重的将会影响后续涂层的质量，所以不能任意增减。

(4) 检查需要覆盖的面积及变形程度，确定原子灰的用量。注意检查时不能再用手去触摸，避免手或手套上的油污、汗渍污染了待施工表面。

(5) 用钢尺或搅拌杆将原子灰搅拌均匀（图 4-18），同时对于装在软管中的固化剂也要混合均匀，方法是先打开固化剂的盖子，将空气挤出，然后拧上瓶盖，用双手进行挤压或揉搓使其混合均匀（图 4-19）。

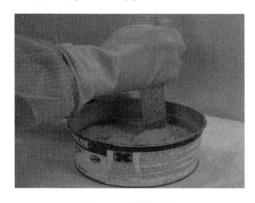
图 4-18　搅拌原子灰

图 4-19　挤压固化剂

(6) 打开电子秤，将调灰盘平放在电子秤的托盘上，然后将电子秤清零（图 4-20）。

(7) 根据估计的量用刮刀挑出原子灰，置于调灰盘上，按产品说明上的混合比加入适量的固化剂（图 4-21）。

(8) 将原子灰和固化剂调和均匀。原子灰的一般调和方法如下：

①用刮刀的尖端将固化剂挑到原子灰里面（图 4-22）。

②用刮刀的尖端,将固化剂按图4-23所示的方法搅和到原子灰里面。

图4-20 电子秤清零

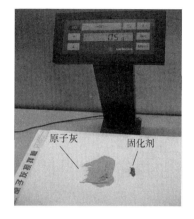

图4-21 称重原子灰及固化剂

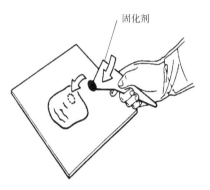

图4-22 挑起固化剂

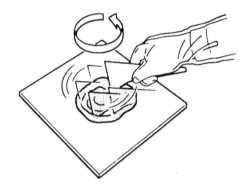

图4-23 混合原子灰

③用刮刀铲起左侧1/3的原子灰(图4-24),以刮刀右前端为支点,翻转至其余原子灰的上面(图4-25)。

图4-24 从左侧铲起原子灰

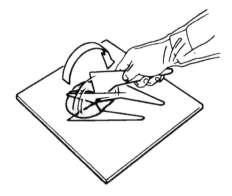

图4-25 往右侧翻转原子灰

④将刮刀与调灰板呈小角度往回收,同时向下压制原子灰(图4-26)。回收至末端时将刮刀上面的原子灰在调灰盘上刮干净。

⑤将刮刀插入原子灰下面,将右侧1/2的原子灰铲起(图4-27)。

项目二　汽车面漆前的涂装

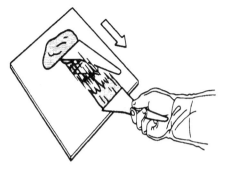

图 4-26　压制原子灰

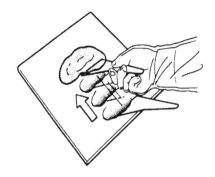

图 4-27　从右侧铲起原子灰

⑥以刮刀左前端为支点将原子灰翻转(图 4-28)。

⑦按照步骤④的方法将刮刀与调灰板呈小角度往回收,并将它向下压(图 4-29)。

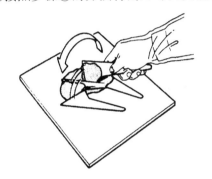

图 4-28　往左侧翻转原子灰

图 4-29　压制原子灰

⑧重复步骤③~⑦,直至将原子灰拌和均匀。

检查原子灰是否调和均匀的方法就是看其颜色是否达到一致,如果颜色不一致表示还没有混合均匀。没有混合均匀的原子灰刮涂后会导致固化不匀、附着力差、起泡、剥落等缺陷。

提示:调和原子灰时动作一定要快。因为原子灰添加了固化剂之后,一般使用寿命只有几分钟,而且环境温度越高,使用寿命会越短,在调和时花的时间越长,可刮涂的时间会越短,甚至有时还没调和好就已经干燥固化。

❸ 刮涂原子灰

原子灰的刮涂方法要根据刮涂部位的形状来确定,我们以常见的平面部位和有棱角线部位的刮涂来介绍原子灰的一般刮涂方法。

1)平面部位的刮涂

(1)第一层刮涂。此层刮涂的主要目的是为了让原子灰与底层充分的结合,具体步骤如下:

①用刮刀挑出少许混合好的原子灰填充在变形区域(图 4-30)。

②用力将原子灰按顺序压实薄刮到变形区域(图 4-31)。如果变形区域有小凹坑或缝隙等,应先用刀尖将原子灰充分填充进去,再压实满刮。

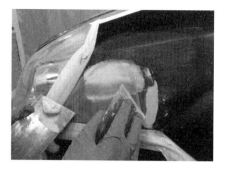 

图 4-30　第一层填充原子灰　　　　　　　图 4-31　第一层压实薄刮层

提示：在刮涂第一层时必须做到压紧和薄刮。如果刮涂较轻，没有压紧，就有可能会出现原子灰与底材表面没有充分结合的情况，影响附着力；如果刮涂太厚，原子灰中会残留部分空气形成气孔。

③将刮涂的原子灰边缘部位收薄，形成平滑的边缘。

（2）第二层刮涂。此层刮涂的主要目的是为了填平变形部位，其具体步骤如下：

①用刮刀挑出适量的原子灰填补在整个变形区域（图 4-32）。为了能有效地填平变形部位，原子灰填补的高度应略高于原涂层基准面。但是，如果变形严重，凹陷较深，应该分几次来刮涂，这样可以避免一次刮涂过厚形成气孔。

提示：普通原子灰可刮涂的厚度为 1~3mm，钣金原子灰可刮涂的厚度约为 5mm，凹陷较深时最好返工校正。一般建议能不刮涂原子灰时最好不要刮涂原子灰，实在需要刮涂时也应该采用薄刮多层的方法进行施工。

②按图 4-33 和图 4-34 所示顺序及方法依次收平原子灰。

收平时一般靠近边缘的部位刮刀要压紧，如刮刀起刀和收刀的部位，这样可以形成较平滑的台阶。在移动至中间部位时为了把原子灰留在变形区域，可以适当地减轻手上的力度。

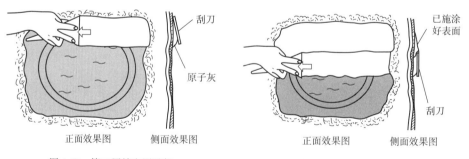

图 4-32　第二层填充原子灰　　　　　　　图 4-33　第二层刮涂方法

③收薄原子灰边缘，并清理干净工件上多余的原子灰。

④待原子灰表干之后检查是否已经刮涂平整，如果表面有比基准面低的部位，就需要再次调配和刮涂原子灰，直至将整个变形区域填平。

（3）第三层刮涂。此层刮涂的主要目的是为了收光原子灰表面，填充砂孔及刮痕。原子灰刮涂较厚时，表面针孔及刮痕会比较多，表面比较粗糙，收光之后不仅可以得到更细腻的表面，而且更容易打磨。收光的具体步骤如下：

①先取少量原子灰用力填充进砂孔及刮痕缝隙部位。
②再按顺序压实薄刮一层,形成光滑平整的表面(图4-35)。
③收光原子灰的边缘,清理干净工件上多余的原子灰。
④清理刮刀及调灰盘,完成刮涂。

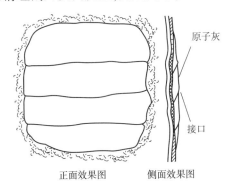

图4-34　第二层最终刮涂效果　　　　图4-35　第三层收光表面效果

经过多次的刮涂,变形区域基本上会恢复原来的形状和平整度,但是在具体操作时还应注意如下几个方面:

①原子灰刮涂的方向要根据损伤部位的形状及工件的形状来决定,图4-36所示为常见的刮涂部位的形状及正确的刮涂方法。

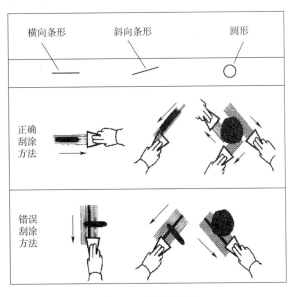

图4-36　刮涂的方向

②如果刮刀在各道施涂中,仅向一个方向移动,原子灰高点的中心就有所移动(图4-37)。这种情况很难打磨,所以刮刀在最后一道中可以反向移动,以便将原子灰高点移回中央(图4-38)。

③刮完的原子灰必须比原来的表面高(图4-39),但是最好只能略微高一点,因为如果太高了,在打磨过程中,就要花许多时间和力气来打磨多余的原子灰。

同时刮涂后的表面不能形成周围高，中间低的形状（图4-40），这样更难打磨，而且中间部位有可能没刮起来。

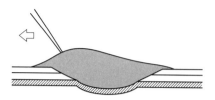

图4-37 原子灰只向一个方向刮涂的效果

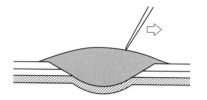

图4-38 原子灰反向刮涂之后的效果

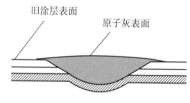

图4-39 刮涂较平的原子灰

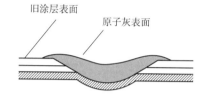

图4-40 周围高中间低的原子灰

④原子灰刮涂的范围必须控制在磨毛区范围里面（图4-41）。如果刮涂超出这个范围，就存在附着不牢、脱落等毛病，而且在打磨时很难形成平滑的原子灰边缘。

⑤施涂原子灰的动作要快，必须在混合以后2~3min以内施涂完。如果时间太长，原子灰就可能在该道施涂完成前固化，趋于固化的原子灰越刮表面会越毛糙。

⑥原子灰在固化过程中会产生热量，如果将混合后的多余原子灰立即放在垃圾筒里，可能会引燃易燃物品。因此，一定要确认原子灰已经凉透了，才能将之弃置（或丢弃在盛放有清水的垃圾桶里）。

⑦原子灰刮涂时一般建议采用薄刮多层的做法，这样可以有效避免由于厚涂产生气泡等缺陷。原子灰多层刮涂时必须后一层刮涂的范围比前一层大，也就是后一层刮涂时必须完全覆盖住前一层，这样可以避免最后刮完后形成多级台阶状，增加打磨的难度（图4-42）。

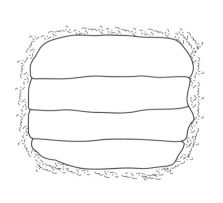

图4-41 原子灰刮涂的范围

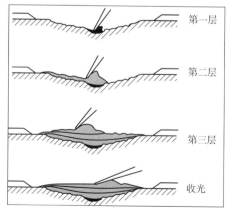

图4-42 薄刮多层

2)棱角线部位的刮涂

棱角线部位就是刮涂的面上有线条的部位,在刮涂时要同时将线条刮平直。一般棱角线部位可以采用如下方法进行刮涂。

①先沿棱角线贴上遮蔽胶带,盖住一侧。

②按照平面部位刮涂的方法对另一侧施涂原子灰(图4-43)。

③待施涂的原子灰半干时,揭去遮蔽胶带(图4-44)。

④沿施涂过原子灰的棱角线贴上遮蔽胶带(图4-45)。

⑤对剩下的一侧再施涂原子灰(图4-46)。

⑥待施涂的原子灰半干时,揭去遮蔽胶带,完成棱角线部位的刮涂。

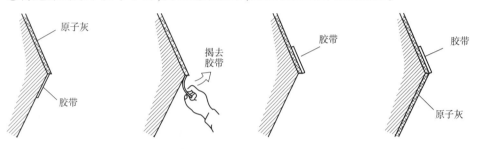

图4-43 刮涂一侧原子灰　图4-44 揭去胶带　图4-45 贴胶带　图4-46 刮涂另一侧原子灰

提示:原子灰要想刮出又平又光的效果需要多加练习。对于非平面部位,要根据它的轮廓,从不同方向,运用不同手法,分段进行刮涂,要保证刮涂出来的表面与原来形状基本一致,这样才易于打磨。

❹ 干燥原子灰

原子灰的干燥方法一般有两种。

1)自然干燥

自然干燥就是将刮好的工件放在室温条件下自行干燥,它的干燥时间随着环境温度的变化而变化。温度越高,干燥越快;温度越低,干燥越慢。不同产品的干燥时间也不尽相同,如某品牌的P551-1050普通原子灰在室温20℃时15~30min可以干燥,在30℃时10~15min即可完全干燥。

提示:采用自然干燥时,如果环境温度低于15℃,建议采用加速干燥的方法,否则干燥速度会很慢。

2)烘烤干燥

烘烤干燥是利用加热设备对刮涂部位进行烘烤,它可有效缩短干燥时间。在烘烤原子灰时常采用的加热设备是红外线烤灯(图4-47)。

红外线烤灯的一般使用方法如下:

(1)调整烤灯灯管的角度。通过调节升降装置、旋转烤灯方向、移动工件等方法,让其灯管正好对着需要烘烤的部位。

(2)调整烤灯与工件的距离。通过调节升降装置、移动烤灯等方法调整好烤灯与工件的距离,一般原子灰烘烤时要求距离为1m左右。如果距离过近,温度过高,会导致原子灰涂层起泡、开裂。

(3)连接好电线,打开烤灯上的电源开关。

(4)调节烤灯的烘烤温度。通过烤灯上温度调节按钮设置好烘烤温度(图4-48)。一般建议烘烤原子灰涂层或含有原子灰涂层时的烘烤温度不要超过50℃。

图4-47 原子灰烘烤

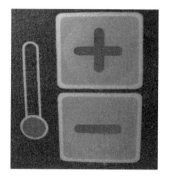

图4-48 温度控制按钮

(5)调节烤灯的烘烤时间。通过烤灯上的时间调节按钮设置好烘烤时间(图4-49)。根据原子灰产品的特性和刮涂厚度及面积大小等因素调节好烘烤时间,如本次选用的某品牌P551-1050普通原子灰用红外线烤灯50℃烘烤时3~5min即可干燥。

(6)选择烤灯的加热模式。一般烤灯上会提供直接加热和预加热两种加热模式,如图4-50所示。图4-50中脉冲按钮表示预加热模式;常规按钮表示直接加热模式。一般油漆涂层和原子灰涂层在刚开始烘烤时,为了避免温度升温过快,导致涂膜出现针孔或痱子,可以先进行5~10min的预热,再直接加热至完全干燥。

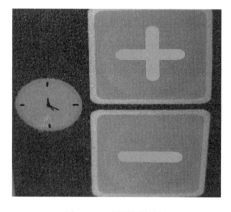

图4-49 时间控制按钮

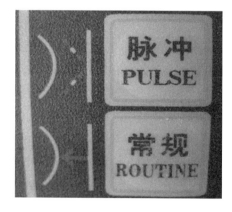

图4-50 加热模式控制按钮

检查原子灰是否完全干燥有两种方法:

(1)用砂纸检查。先用P80或P120砂纸轻轻打磨原子灰边缘较薄的地方,再用毛刷轻轻地刷粘在砂纸表面的颗粒,能刷干净的,表明干燥较好;不能刷干净,还有很多颗粒粘在砂纸上面的,表明干燥不彻底。

(2)用手指检查。用指甲轻轻地划过原子灰边缘较薄的地方,如果划痕较浅且呈白色则说明原子灰已完全干燥,如果划痕较深且黏手则说明干燥不彻底。

提示:原子灰干燥时主要靠与固化剂发生反应产生的热量而固化,涂膜越厚的地方产生的热量越大,固化越快。而涂膜越薄的地方产生的热量越小,干燥越慢。所以在检查原子灰时,一般只要边缘较薄的部位干燥了,整个原子灰涂层也干燥了。

5 打磨原子灰

由于刮涂完的原子灰比较高,而且表面比较粗糙,所以需要将原子灰打磨至与基准面一般高,并将表面打磨平整光滑,才能进行后续涂层的涂装。打磨原子灰时可以采用机械干磨与手工干磨的方法进行打磨。由于原子灰有很强的吸水性,所以绝对禁止采用水磨。一般原子灰的打磨方法如下:

(1)穿戴好合适的劳保防护用品。

(2)施涂炭粉指示层。原子灰表面没有光泽,对于平整度、针眼、砂痕等瑕疵肉眼不易看出,通过涂抹黑色的炭粉后,能帮助打磨者快速地判断出表面状况(图4-51)。

(3)将P80砂纸装到7mm双作用干磨机或轨道式干磨机上,在原子灰范围内进行交叉粗磨,一般打磨掉多余原子灰厚度的50%~60%即可,如图4-52所示。

图4-51 涂抹炭粉指示层

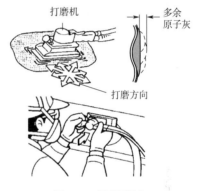

图4-52 粗磨原子灰

提示:①选用较粗砂纸型号(如P80、P120)进行打磨时,为了避免原子灰周围砂纸痕太粗,一般建议打磨时不要超出原子灰刮涂的范围。

②如果刮涂面积较小、原子灰涂层较薄,可直接进入下一步,不用粗磨。

③在粗磨时应先打磨原子灰凸起的部位,然后将整个原子灰表面打磨至大致平整。

(4)涂抹炭粉指示层(图4-53),依次将P120、P180砂纸装到手刨上进行中等程度的打磨,此时打磨掉多余原子灰厚度的20%~30%即可。打磨过程中要一边用手触摸以确认表面状况,一边仔细打磨,防止打磨过度或打磨变形,如图4-54所示。

提示:原子灰打磨时,更换砂纸型号一般不要超过100号,否则前道砂纸的粗磨痕很难消除。

(5)涂抹炭粉指示层,将P240左右的砂纸装到手刨上,对原子灰及原子灰边缘的地方进行平整打磨,直至彻底打磨平整。原子灰边缘部位要求平滑无阶梯,如图4-55所示。

在打磨原子灰时,要注意如下几点:

①在打磨过程中,粉尘会堵塞砂纸缝隙,造成打磨效率降低,所以应及时用毛刷或风枪清除干净砂纸上的粉尘,如图4-56所示。

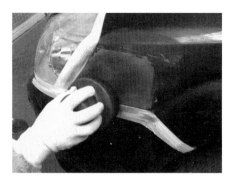

图 4-53 涂抹炭粉指示层

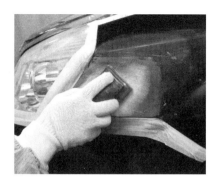

图 4-54 中磨原子灰

图 4-55 精磨原子灰

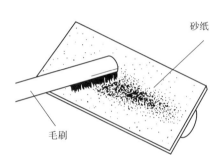

图 4-56 用毛刷清除粉尘

② 为了避免过度打磨还要随时检查原子灰的平整度,如图 4-57 所示。对于不平整则要分析原因,如果是原子灰还比较厚,没有打磨好形成的不平,则需要继续打磨;如果是原子灰所有面都已经低于基准面了,则需要重新进行刮涂。禁止原子灰没有打磨下去,还有比基准面高的地方就重新刮涂。

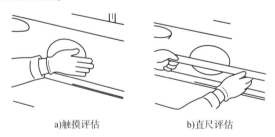

a) 触摸评估　　b) 直尺评估

图 4-57 检查平整度

③ 为避免形成多级台阶,重新刮涂原子灰的范围要大于下层原子灰的范围,如图 4-58 所示。

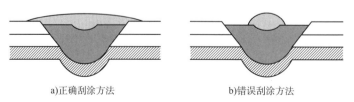

a) 正确刮涂方法　　b) 错误刮涂方法

图 4-58 原子灰补刮的范围

项目二　汽车面漆前的涂装

（6）选用P320砂纸及5mm双作用打磨机,将原子灰边缘至周边15cm的区域磨毛,为喷涂中涂底漆作准备(图4-59)。难以打磨的位置可以使用海绵砂纸或菜瓜布进行打磨。

（7）使用风枪将原子灰缝隙里面及工件表面的灰尘吹除干净(图4-60),再对原子灰周围进行除油。原子灰有很强的吸水性,如果直接对原子灰进行除油,除油剂也会被吸收到原子灰里面,容易形成涂膜缺陷,所以此步除油时只能擦拭原子灰周围的区域。

原子灰打磨完后要达到恢复底材形状,边缘平滑无阶梯,表面没有大的气孔、砂纸痕或其他大的缺陷(以是否能用填眼灰盖住为基准)为合格,否则为不合格。

 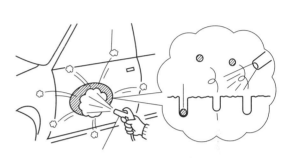

图4-59　原子灰周围打磨的范围　　　　　　　图4-60　吹尘

❻ 修整原子灰

原子灰在打磨后,一般呈现多孔状态,如果孔较大,则需要重新填补原子灰,如果孔较小或是较细的划痕(图4-61),则可以刮涂幼滑原子灰进行填补,具体步骤是：

（1）搅拌均匀幼滑原子灰。

（2）取少量幼滑原子灰于刮刀上。

（3）按薄刮多层的方法将有缺陷的地方填平,如图4-62所示。

图4-61　原子灰上面的小缺陷　　　　　　　图4-62　刮涂幼滑原子灰的效果

（4）采用自然干燥或加速干燥的方法进行干燥。

（5）依次选用P240和P320砂纸配合手工磨块将幼滑原子灰打磨平整(图4-63)。

（6）清洁工件,整理工位及现场。

提示:幼滑原子灰也可以采用擦涂法进行施工,具体方法是用干净的擦拭布蘸取少量的幼滑原子灰后,在原子灰表面进行涂擦,将幼滑原子灰填充到缺陷里面,然后将表面多余的幼滑原子灰擦拭干净,这样就得到一个平整的表面,无须打磨直接进行中涂底漆喷涂即可(图4-64)。

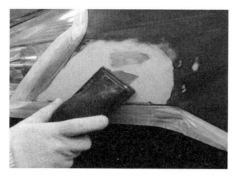

图4-63 打磨幼滑原子灰

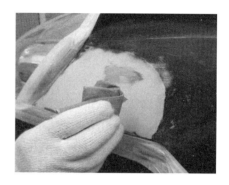

图4-64 擦涂幼滑原子灰

三 学习拓展

1 汽车用特种涂料

1) PVC涂料

新车制造时,为了提高车身的密封性能、隔声性能及防砂石撞击性能,经常使用一种PVC涂料。PVC(Poly Vinyl Chloride)涂料也称为聚氯乙烯涂料,它是由聚氯乙烯树脂和增塑剂、填充料及颜料、附着力促进剂、稳定剂等添加剂混合而成的高固体分、无溶剂型涂料,是一种固体分可达到95%以上(挥发物小于5%)的黏稠膏状物质。它因具有良好的耐腐蚀性、耐磨损性、密封性、黏结性、隔声性而在汽车行业得到广泛的运用。

PVC涂料主要分为两种:焊缝密封涂料和车底密封抗石击涂料。两者的主要成分是相同的,区别在于:焊缝PVC涂料要求涂层的硬度、伸长率、抗剪强度、抗拉强度比较好;车底密封抗石击涂料要求抗石击性好、易于高压喷涂,施工黏度低。

2) 防声、绝热涂料

为减轻汽车在行驶过程中因振动而产生的噪声,提高轿车的舒适性和适应空调隔热的需要,一般会在门板、壁板、顶盖、发动机和行李舱盖的内表面和车身底板上表面涂饰防声阻尼涂料。在20世纪50~60年代主要采用的是沥青、石棉制的防声浆,现在主要采用粘贴和铺放热融性的防振绝热垫片,顶盖内表面采用粘贴软质或半软质的内饰材料。

防振绝热垫片(板)有粘贴型和热融黏着型两种,其主要成分是沥青、橡胶、石棉粉等。粘贴型防振绝热板的一面涂有压敏胶,有防贴保护,撕下防贴纸,供垂直和下表面用(如外门板内表面或顶盖下表面)。热融黏着型供水平面用,即放置在水平面,随油漆烘干一起热融化,黏附在车身上。按所贴部位的需要,可加工成各种形状、厚度不等的防振绝热板。

PVC涂料也具有防声、阻尼、隔热的作用,它主要供车体外部使用。防振绝热板是铺设在车身和行李舱的内部,价格也便宜,施工也很简单。

汽车车身铺贴阻尼涂料的一般操作方法是:用干毛巾擦净铺贴阻尼胶部位,不允许有灰尘和水。取阻尼胶进行铺贴,用手或滚轮将阻尼胶压平、压实。注意不允许封闭空气,不得遮盖装配孔,要求平整、不脱落。

2 新车制造时的密封涂装及车底涂装

1)密封涂装

密封涂装的对象是发动机舱、发动机罩、行李舱、行李舱盖、后尾灯周围部位以及四个车门的折边焊缝等,这些部位在总装装配后属可见部位,所以要求涂装后的密封胶,线条平直、整齐、美观,厚度、宽度符合要求,以保证焊缝的密封性和胶条的美观。根据涂装部位的特点,有些部位需要人工操作,有些部位可以使用机器人操作(图4-65)。

汽车车身喷涂密封涂料的一般操作步骤是:用专用搅拌棒将喷涂机内的PVC焊缝密封涂料搅拌均匀后,根据涂料的黏度和环境温度调整好喷涂机的进气压力,以出胶适量、平缓为宜;挤胶时注意控制出胶量,以遮盖焊缝、光滑、均匀、无堆积为准。涂胶部位正确,不堵塞和妨碍安装孔,胶体搭接区域用手涂实修平,不允许出现间隔、孔眼。

2)车底涂装

车底涂装的部位主要是轮胎罩盖、乘员舱底面等部位,这些部位容易受到砂石的撞击而导致涂层损坏,造成底盘生锈。车底涂装一般在密封涂装完后,用遮盖材料将不需要涂装的部位遮盖起来,然后根据部位的不同用人工或机械喷涂车底密封抗石击涂料(图4-66)。

图4-65　密封涂装　　　　　　　　图4-66　车底涂装

汽车车底喷涂车底涂料的一般操作步骤是:用专用搅拌棒将喷涂机内的PVC密封抗石击涂料搅拌均匀后,根据PVC胶的黏度和环境温度调整好喷涂机的进气压力,以喷枪喷雾扇面均匀、雾化性好为准,将工件平稳地吊到安全托架上,在车身和货厢地板下表面、挡泥板、轮罩下表面均匀地喷一层PVC车底涂料,要求无漏喷、无流挂,对轮罩、挡泥板下表面重点喷涂。

四　评价与反馈

1 自我评价

1)理论知识掌握情况

(1)汽车涂装的基本要素有哪些?它们对涂装工作有什么样的影响?

(2)原子灰的作用是什么？汽车用原子灰必须具备哪些性能？

(3)常用的汽车原子灰有哪几种？它们有什么区别？

2)实践技能掌握情况

(1)劳保防护用品的选择。请根据表4-3所示内容，在相应的防护用品下面打"√"。

汽车原子灰施工中的劳动保护　　　　　　　　　　　　　表4-3

工序	推荐的涂装工防护用品							
	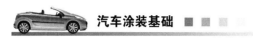							
搅拌								
调制								
刮涂								
干燥								
打磨								
修整								
清洁								
除油								

(2)汽车原子灰施工的规范工艺流程。请根据本节所学知识，完成表4-4所示内容。

汽车原子灰的施工工艺流程　　　　　　　　　　　　　表4-4

序号	主 要 操 作 步 骤	所需要的工具、设备及材料	技术或质量要求

(3)请对本学习任务的学习内容及学习效果进行总结。

签名：_____　　___年__月__日

项目二 汽车面漆前的涂装

❷ 小组评价

根据表 4-5 的评价项目对小组的任务实施情况做出评价。

小组评价情况表　　　　　　　　　　　　表 4-5

序号	评 价 项 目	评 价 情 况
1	着装是否符合要求	
2	是否能合理规范地使用仪器和设备	
3	是否按照安全和规范的流程操作	
4	是否遵守学习、实训场地的规章制度	
5	是否能保持学习、实训场地整洁	
6	团结协作情况	

参与评价的同学签名：_____　　___年__月__日

❸ 教师评价

_____

_____

教师签名：_____　　___年__月__日

五 技能考核标准

汽车原子灰施工技能考核标准表见表 4-6。

汽车原子灰施工技能考核标准表　　　　　　　　　　表 4-6

序号	项 目	规定分	评 分 标 准	得分
1	调配原子灰	15 分	未正确穿戴防护用品扣 1 分/次	
			未正确评估原子灰用量扣 2 分	
			原子灰、固化剂使用前未搅拌均匀扣 2 分	
			原子灰与固化剂比例不正确扣 4 分	
			未正确快速混合原子灰扣 1~5 分（视情况而定）	
			原子灰混合不均匀扣 1~5 分（视情况而定）	
			调配原子灰时不干净扣 1~3 分（视情况而定）	
2	刮涂原子灰	30 分	未正确穿戴防护用品扣 1 分/次	
			未先压实薄刮扣 3 分	
			刮涂范围超出粗化范围扣 2 分	
			刮涂不平整及边缘不平滑扣 1~10 分（视情况而定）	
			刮涂后有较大孔洞或凹槽扣 2 分/处，周边有原子灰扣 1 分/处	
			未及时清理干净刮刀、调灰板扣 3 分	
3	打磨原子灰	40 分	未正确穿戴防护用品扣 1 分/次	
			未正确选择打磨工具扣 2 分/次，未正确选择及使用砂纸扣 2 分/次	

续上表

序号	项目	规定分	评 分 标 准	得分
3	打磨原子灰	40 分	未涂抹炭粉扣 1 分/次	
			打磨方法不正确扣 1～10 分(视情况而定)	
			打磨后不平整及边缘不平顺扣 1～15 分(视情况而定)	
			打磨后有较大孔洞及较粗砂痕扣 1～5 分(视情况而定)	
			未及时处理相关工具材料扣 2 分/次	
4	修整原子灰	15 分	未正确穿戴防护用品扣 1 分/次	
			未正确刮涂及打磨填眼灰扣 2 分/次	
			未正确选择及使用砂纸扣 2 分/次	
			打磨后不平整扣 1～5 分(视情况而定)	
			未及时处理相关工具材料扣 2 分/次	
	总分	100 分		

学习任务 5　汽车中涂底漆的施工

 学习目标

 知识目标

1. 明确汽车中涂底漆的作用及要求；
2. 掌握常用汽车中涂底漆的种类及特点；
3. 熟悉涂料选配的依据；
4. 掌握涂料存放及保管的知识。

技能目标

1. 能完成相关工具设备材料的使用及维护；
2. 能完成中涂底漆前的遮蔽及除油；
3. 能完成中涂底漆的调配及喷涂；
4. 能完成中涂底漆的打磨及修整。

 建议课时

12 课时。

项目二 汽车面漆前的涂装

经过原子灰涂层修复后的翼子板,虽然恢复了表面的形状(图5-1),但是表面还是存在一些细小的缺陷,如针孔、划痕等,现在请你对损伤区进行规范的中涂底漆处理,以达到面漆喷涂之前的要求(图5-2)。

图5-1 中涂涂装前的效果　　　　　　图5-2 中涂涂装后的效果

一　理论知识准备

1　中涂底漆的作用及要求

中涂底漆是用于底漆层与面漆层之间的涂料,也称为"二道底漆"或"二道浆"。它里面的颜料和填料含量比底漆多,比原子灰少。其功用介于底漆和原子灰之间,对被涂工件表面的微小缺陷如针孔、砂痕等有一定的填充能力,同时能起到隔绝和封闭下层涂层的作用,可防止面漆向下渗透,能增加面漆涂层与下面涂层的附着力,能提高面漆涂层的平整度和丰满度,提高整个涂层的装饰性和抗石击性。

汽车用中涂底漆应具备的性能要求是:

(1)与前底漆层、原子灰层、旧涂层及后续面漆层都有良好的配套性,与底漆层和面漆层都具有良好的附着力。

(2)干燥后的涂层硬度适中,有良好的打磨性和耐水性。打磨后能得到平整光滑的表面,湿磨不起皱、不脱皮。

(3)有良好的填充性能,能填平细小的划痕、砂痕、针孔等缺陷。

(4)有良好的隔离性能,能防止底漆层、原子灰层、旧涂层中的不良物质向面漆层渗出而污染涂膜表面,破坏面漆层的装饰性。同时能阻止面漆层的溶剂渗透到底漆层、原子灰层、旧涂层中。

(5)能提供给面漆层一个吸附性一致且平整光滑的涂面,保证面漆涂层的丰满度和光亮度。

(6)有良好的施工性能,如容易施工、干燥速度快、环境适应性好等。

提示:对于平整度较好,装饰性要求又不太高的载货汽车和普通客车,一般在制造时采用具有底漆和中涂底漆功能的二合一底漆进行施工，不专门喷涂中涂底漆层。但对于装饰性要求较高的中高级轿车在制造和维修时则必须单独喷涂中涂底漆层。

❷ 常用中涂底漆的种类及特点

中涂底漆的品种很多，分类方法也很多，根据涂料性质来分有单组分中涂底漆和双组分中涂底漆。根据主要成膜物质来分，汽车修补涂装常用的有硝基中涂底漆、聚氨酯中涂底漆、环氧底漆等，它们的特点及用途见表5-1。

常用中涂底漆的特点及用途　　　　表5-1

产品类型	特　　点	用　　途
硝基中涂底漆	单组分类型涂料，干燥迅速、易于打磨，经打磨后表面平整光滑，但成膜较薄。 施工时需要注意： ①颜料沉淀严重，使用前应彻底搅拌均匀 ②工作黏度一般为15～20s，其黏度可以用硝基稀释剂调整，一般需要喷3道以上，每层间隔10min左右 ③可与各种硝基面漆以及双组分丙烯酸聚氨酯面漆配套使用	汽车修补涂装中一般用于要求快干的场合，或装饰性要求不高的汽车部件，或面积较小的非主要装饰面
聚氨酯中涂底漆	为双组分类型涂料，其附着力、耐水性、耐热性、耐化学性好，填充能力强、干燥快、打磨性好，对面漆有很好的保光性。 施工时需要注意： ①一般以喷涂为主，也可刷涂或滚涂 ②直接用于金属表面时，材质必须经过处理，保证无水、无油、无酸碱、无灰尘、无杂质 ③严格按照生产厂商的要求配比，搅拌均匀后方可使用，并在使用时效内用完	汽车修补涂装作业中可用于各种底漆、原子灰及旧涂层之上，为目前主要使用的中涂底漆品种
环氧底漆	一般为双组分类型，防锈性能好、附着力好、填充性好、耐溶剂性好、机械强度高，干燥较慢。即可以作为底漆使用，也可以作为中涂底漆使用，也可以作为底漆、中涂漆二合一的底漆使用	汽车修补涂装中主要用于有裸露金属的部位作为二合一底漆使用

提示：可调色中涂底漆是一种新型底漆，它的主要作用是提高面漆的遮盖能力和装饰性，它一般采用与调色色母一致或相近的成膜物质，通过添加不同的色母来改变中涂底漆的颜色，所以也并不是所有的中涂底漆都可进行调色处理。

❸ 涂料选配的依据

涂料品种很多，性能各异，一般在选择涂料时要从以下几个方面进行综合考虑。

（1）被涂物的材质。由于各种物面材质的特性和吸附能力不同，因而需合理选用与物面材料性质相适应的涂料。常用汽车涂料与被涂材质的适应性见表5-2。

（2）被涂物的使用环境。不同的地区和不同的气候，对汽车的适应性有不同的要求。如南方湿热地区使用的汽车，要求涂料对湿热、盐雾、霉菌有良好的三防性能；在北方干寒地区使用的汽车，要求其涂料有一定的耐寒性能。另外在不同的环境下，对涂料的耐候、耐磨、耐冲击和耐汽油等性能都有不同的要求。各种涂料适应的环境条件见表5-3。

项目二 汽车面漆前的涂装

常用汽车涂料与被涂材质的适应性   表 5-2

涂料品种＼被涂材质	钢铁	轻金属	塑料	木材	皮革	玻璃	织纤维
油脂漆	5	4	3	4	3	2	3
醇酸树脂漆	5	4	4	5	5	4	5
氨基树脂漆	5	4	4	4	2	4	4
硝基漆	5	4	4	5	5	4	5
酚醛漆	5	5	4	4	2	4	4
环氧树脂漆	5	5	4	4	3	5	—
氯化橡胶漆	5	3	3	5	4	1	4
丙烯酸酯漆	4	5	4	4	4	1	4
有机硅漆	5	5	4	3	3	5	5
聚氨酯漆	5	5	5	5	5	5	5

注：5 表示最好，1 表示最差。

各种涂料适应的环境条件   表 5-3

环境条件＼涂料品种	酚醛漆	沥青漆	醇酸漆	氨基漆	硝基漆	过氯乙烯漆	丙烯酸漆	环氧漆	聚氨酯漆	有机硅漆
一般条件下使用，但要求耐候性及装饰性好			☺		☺		☺		☺	
一般条件下使用，但要求防潮性及耐水性好	☺	☺					☺	☺	☺	
化工大气条件下使用或要求耐化学腐蚀性较好	☺	☺				☺		☺	☺	
在湿热条件下使用，要求三防性能好	☺			☺			☺	☺	☺	
在高温条件下使用										☺

注：标有"☺"号的，说明适应性较好。

(3) 涂料的施工方法。不同涂料由于性能上的差异，所要求的施工方法不同，因此选用涂料要根据现有的涂装设备和涂料所适应的涂装方法进行选择。常用的施工方法和适用涂料见表 5-4。

(4) 涂料间的配套性。在汽车涂装中有各种底漆、中涂、面漆，由于其性能不相同，并不是都能任意搭配使用。如果配套不当，会产生涂膜间附着力差、起层脱落、咬底泛色等现象，严重影响施工质量。各种金属与常用底漆、面漆的合理配套见表 5-5。

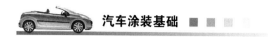

常用的施工方法和适用涂料 表 5-4

施工方法	涂料品种
刷涂	油性漆、酚醛漆、醇酸漆
浸涂	各种合成树脂涂料
电泳	各种水溶性电沉积涂料
压缩空气喷涂	各种硝基漆、氨基漆、过氯乙烯漆等
高压无气喷涂	各种类型涂料特别是厚浆料、高不挥发分涂料,但不宜于粒度大的颜料涂料
静电喷涂	合成树脂涂料、高不挥发分涂料
静电粉末喷涂	粉末涂料

各种金属与常用底漆、面漆的合理配套 表 5-5

面漆类型	黑色金属	铝、镁及铝镁合金	锌及锌合金	铜及铜合金
酚醛漆	酚醛底漆 醇酸底漆	锌黄纯酚醛底漆 磷化底漆	锌黄环氧底漆 锌黄环氧醇酸底漆	酚醛底漆 磷化底漆
沥青漆	沥青底漆 酚醛底漆	沥青底漆	沥青底漆	沥青底漆
醇酸漆	醇酸底漆 环氧底漆	锌黄酚醛底漆 锌黄醇酸底漆	醇酸底漆	酚醛底漆 磷化底漆
氨基漆	醇酸底漆 氨基底漆 环氧底漆	锌黄环氧底漆	酚醛底漆 磷化底漆	环氧底漆
硝基漆	酚醛底漆 硝基底漆 环氧底漆 醇酸底漆	锌黄酚醛底漆 锌黄醇酸底漆 锌黄环氧底漆	酚醛底漆 醇酸底漆 环氧底漆	酚醛底漆 环氧底漆
过氯乙烯漆	酚醛底漆 醇酸底漆 过氯乙烯底漆 丙烯酸底漆 磷化底漆	锌黄酚醛底漆 锌黄醇酸底漆 锶黄、锌黄丙烯酸底漆 磷化底漆	酚醛底漆 醇酸底漆 环氧底漆 磷化底漆	酚醛底漆 过氯乙烯底漆 丙烯酸底漆 磷化底漆
丙烯酸漆	酚醛底漆 醇酸底漆 环氧底漆 丙烯酸底漆 磷化底漆	锌黄酚醛底漆 锶黄、锌黄丙烯酸底漆 磷化底漆	酚醛底漆 环氧底漆	酚醛底漆 环氧醇酸底漆
环氧漆	环氧底漆	锌黄环氧底漆	环氧底漆	环氧底漆
聚氨酯漆	聚氨酯底漆 硝基二道底漆	锌黄聚氨酯底漆	聚氨酯底漆	聚氨酯底漆

(5)涂层的厚度。涂膜的保护力一般是随涂膜厚度的增加而提高的。在不同使用条件下,涂层的厚度应控制在一定的范围内。若涂层低于厚度的下限,就不能有满意的保护作用,还会出现露底或肉眼看不见的针孔,外界的水分、化学腐蚀介质等容易侵蚀到涂层内部,降低涂层的寿命。但涂层过厚就会增加成本,还会引起回粘、起泡、皱纹等质量问题。通常涂层控制厚度见表5-6。

通常涂层的控制厚度　　　　　表5-6

环境条件	控制厚度范围(μm)	环境条件	控制厚度范围(μm)
一般性涂层	80~100	有侵蚀液体冲击的涂层	250~350
装饰性涂层	100~150	耐磨损涂层	250~350
保护性涂层	150~200	厚浆涂层	350~1 000
有盐雾的海洋环境用涂层	200~250		

4　涂料的存放及保管

涂料是易燃、有毒的物质,并有一定的保存期,管理时应该考虑到上述三个方面的因素,采取一定的措施,既要保证涂料质量,防止超过保存期造成经济损失,又要做到防火防爆防毒,防止出现安全隐患和安全事故。涂料存放和保管时一般要注意以下几点:

(1)涂料库房要专用,不得与其他物品(特别是面纱、毛巾、遮蔽纸等易燃材料)存放在一起。

(2)涂料库房要保持干燥、隔热,要有通风口。库房室内温度不宜超过28℃,夏季高温时应有降温措施,取料时尽量避开中午高温时段,在早、晚温度较低时取料。

(3)库房照明要使用防爆灯,开关应安装在库房外面,库房里面使用的设备必须有防爆、保护装置,防止使用时产生电火花而引起火灾或爆炸。

(4)库房必须远离火源,禁止将会产生火花或火星的物品带入库房,禁止无关人员随便进出,库房周围应配置足够数量的灭火器材。

(5)库房内存放不同性质的涂料时,应该分类存放,以免由于错放造成事故。

(6)库房内禁止调配油漆,涂料桶不得发生渗漏,涂料桶必须盖紧。

(7)库房涂料应先进先出,防止存放过期而造成涂料变质。

(8)对于用量小或容易变质的涂料应小量进货,防止浪费。

二　任务实施

1　准备工作

1)工具设备的准备

(1)空气压缩及分配系统。空气压缩及分配系统主要是用来提供干净的压缩空气的,它由空气压缩机、储气罐、冷干机、油水分离器、气压调节阀、空气分配管道等组成(图5-3)。

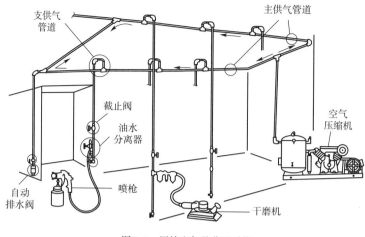

图 5-3 压缩空气及分配系统

① 空气压缩机。空气压缩机主要是用来产生压缩空气的,目前使用的空气压缩机根据机械运动方式的不同可以分为三种,即隔膜式、活塞式和螺杆式,它们的特点及用途见表 5-7。

常用空气压缩机的特点及用途　　　　表 5-7

空气压缩机类型	特　点	用　途
隔膜式	产生的气量很少,压力不高	只适合为小型设备或工具供气,在汽车维修单位很少使用
活塞式	有单缸和多缸、单级和多级等多种形式的产品,可提供 0.7～1.4MPa 的压力,但是供气不稳定,噪声较大,容易产生油及油蒸气	适合大多数设备和工具,能满足一般车间使用
螺杆式	供气量多、压力高,且风压稳定,噪声小,自动化控制	适合所有气动设备和工具,适合耗气量比较大的车间或单位使用

空气压缩机的维护非常重要,它关系到设备的使用寿命、供气质量及维修厂的工作效率。在平时工作中应该做到及时放掉储气罐里面的冷却水,及时添加曲轴箱里面的润滑油,保持设备清洁干净,保证空气滤清器及过滤材料的干净,经常检查设备各个部件的正常运作是否良好等。

② 油水分离器。油水分离器能凝结压缩空气中的油和水分,调节压缩空气的压力和过滤空气的杂质。没有经过有效过滤的压缩空气用于喷涂的话,会使涂膜表面产生水泡、麻点,影响涂膜质量。所以必须在空气压缩机的输送管道上安装油水分离器,平时应严格按照设备使用说明进行维护和更换。常见的油水分离器结构如图 5-4 所示。

③空气压缩及分配系统的安装。空气分配系统中各部位的放置有一定的科学性,以便于达到最高使用效率、最佳效果以及保障安全等。空气压缩机及分配系统的安装应注意以下几点:

a. 空气压缩机应安装在通风、清洁、干燥的室内位置,以利用清洁的空气。同时尽可能放置在用气工作点附近,减少压降。

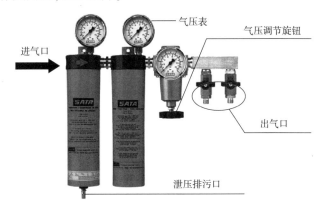

图5-4 油水分离器

b. 空气压缩机进口处避免靠近有蒸汽排放或潮湿的场所;墙和其他障碍物应距离空气压缩机30cm以上,以利于空气流动及有助于散热冷却。

c. 空气压缩机应水平放置,脚下要垫放减振垫片防止振动而损伤机械。飞轮一边应靠墙,防止伤及人身。

d. 主供气管道最好铺设在车间上部,形成环形,以保证各处的压力恒定,主供气管应逐步向末端倾斜,倾斜度为1/100,以利于管道内的水排放干净。

e. 支供气管道应从主供气管道上方分出,可防止水进入供气管道。

f. 油水分离器应安装在主供气管道与空气压缩机相距8~10m的位置,提高油水分离的效果。

g. 主供气管道最低处应安装自动排水阀,支供气管道末端也要有排气阀。

(2)汽车喷漆烤漆房。汽车喷漆房可以为涂装提供一个干净、安全、照明良好的工作环境,使喷漆过程不受灰尘的干扰,并把挥发性漆雾限制在喷漆间内并及时通过排气系统送出去。而汽车烤漆房可以对原子灰、底漆、中涂及面漆等进行烘烤,加快涂料的干燥与固化,提高工作效率和涂层质量。通常为了减少成本和节约空间,常常将喷漆房、烤漆房设为一体,即汽车喷漆烤漆房,常简称为汽车烤漆房,如图5-5所示。

汽车烤漆房根据喷涂涂料的类型来分主要有溶剂型和水性漆型两种;汽车烤漆房根据热源来分主要有燃油型和电热型两种。目前传统溶剂型燃油低温烤漆房在国内汽车修理行业中使用较普遍,这类烤漆房有如下特点:

①采用高性能钢组件式房体,配合进风过滤系统及正风压,可保证施工环境的洁净。房体采用夹心式隔热棉提供极佳的保温效果。

②烤漆房内的照明设备采用无影灯式日光照明灯管,其发出的光谱与太阳光线相似,

为涂装工辨别颜色提供了良好的光源。

③应用计算机技术全自动操作控制,能自动控制风压、温度、时间(图5-6)。

图5-5 汽车烤漆房

图5-6 汽车烤漆房控制箱

④空气流动性好,新鲜空气不断进入,废气及时排出室外。可根据喷涂状态和烘烤状态的需要调节排气管和进气管(图5-7),喷涂时空气流速一般在0.3~0.6 m/s。对涂膜进行加温烘烤时空气流速在0.05 m/s左右。在喷涂状态时排出废气,废气经过过滤后排放于室外,排放浓度符合环保标准要求。烘烤时空气循环加热,每次大约补充10%的新鲜空气,这样热量利用充分,节约能源。

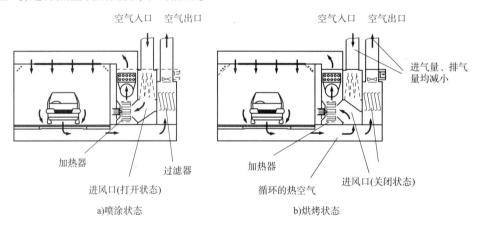

图5-7 烤漆房工作示意图

⑤室内温度可调节,烘干时最高温度可达80℃,且室内温度均匀。在对汽车涂膜加温烘烤时,烘烤温度要适当控制,汽车修补涂装温度调节一般以被烘烤物体表面温度为60~70℃为宜,若温度达到85℃以上会造成仪表、塑料件变形等,若90℃以上则可能引起燃油起火、爆炸等。

⑥目前使用的烤漆房一般采用气流下行式,即空气从天花板进入,经三级(粗、中、细)过滤后形成干净、干燥的空气。洁净的空气经过车顶向下从车身两侧的排气地沟排出,同时带走烤漆房里面的废气和漆雾,减少了涂膜缺陷和操作人员吸入飞漆和溶剂蒸气的可能。

汽车烤漆房作为保证涂装质量、保证操作人员身体健康、保护环境的重要设备,所以平时的日常维护非常重要,在平时工作中应做到:

①烤漆房内不能进行任何原子灰打磨及其他打磨工作,也不要进行抛光作业。

②必须经常检查过滤系统,按照规定时限更换各级过滤网或过滤棉,定期检查排风系统、加热系统、电气系统、控制系统以确保安全、正常运行。照明设备损坏时应及时修复。

③喷涂工作结束,烤漆房内的喷涂工具、喷涂材料清理出烤漆房后,才能加温烘烤。

④烤漆房内工作结束,车辆驶离后应清除一切杂物,如遮盖纸、残留废弃物,并擦净地板、墙壁及烤漆房内的其他设备,并将压缩空气输送软管盘好。

⑤除每天日常清扫外,定期对烤漆房进行彻底维护。

⑥更换因高温而老化的门封条,防止因破裂而使灰尘吸入和热量流失。

(3)其他工具及设备。其他还需要用到的工具如风枪、底漆喷枪、调漆尺、烤灯、炭粉指示剂、洗枪毛刷等。

2)主要材料的准备

(1)中涂底漆及配套的固化剂和稀释剂。选择中涂底漆时主要要考虑底层的表面状况、面层的要求,再根据不同类型的中涂底漆的特点,综合考虑施工性能、填充性能、封闭性能、打磨性能与面层涂料的配套性能等,选择最佳的产品。

(2)其他材料。其他还需要使用到的材料包括幼滑原子灰、除油剂、洗枪稀释剂、无纺布、遮蔽纸及胶带等。

❷ 中涂底漆前的遮蔽及除油

由于原子灰刮涂及涂层损伤的范围不大,周围旧涂膜状况较好,所以不需要对整个工件喷涂中涂底漆,只需将有问题的地方盖住即可。中涂底漆在涂装之前要做好遮蔽及清洁工作:

(1)用风枪及干净的擦拭布将工件清洁干净(图5-8)。

(2)按照反向遮蔽的方法将工件贴护好(图5-9)。

贴护时遮蔽纸的边沿不能太靠近损伤区范围,既要避免喷涂时产生台阶,又要确保中涂底漆能将打磨原子灰时产生的粗划痕盖住。

图5-8 反向遮蔽

图5-9 贴护的范围

(3)穿戴好合适的劳保防护用品,对需要喷漆的原子灰周围部位进行除油(图5-10)。

图 5-10 清洁除油

❸ 调配及喷涂中涂底漆

中涂底漆的调配及喷涂方法与底漆的调配及喷涂方法基本相同。根据不同产品的特点及涂装要求略有差别,一般调配及喷涂中涂底漆的方法如下:

(1)查看产品技术说明,确定调配方法。本次选用的中涂底漆为某品牌的 P565-510 高固含量厚膜底漆,其技术说明见表 5-8。

中涂底漆的使用说明　　　　　　　　　　　　　　　表 5-8

P565-510 高固含量厚膜底漆调配工艺		
适用底材	裸钢材、玻璃钢、聚酯原子灰、预涂底漆和状态良好的旧涂膜	
工艺	中涂(80~120μm)	喷灰(150~200μm)
	P565-510　　　　　　5 份 P210-938/-939/-790　　1 份 P850-2K 稀释剂　　　　1 份	P565-510　　　　　　5 份 P210-938/-939/-790　　1 份 P850-2K 稀释剂　　　　0.5 份
	20℃时: DIN4 杯 19~26s(24~35s BSB4) 混合后有效喷涂时间:1h 使用后立即清洗喷枪	20℃时: DIN4 杯 30~35s(41~48s BSB4) 混合后有效喷涂时间:30min 使用后立即清洗喷枪
	建议使用重力式喷枪 喷嘴: 　重力式:　　1.6~1.9mm 　压力:　350~400kPa(52~60 psi)	建议使用重力式喷枪 喷嘴: 　重力式:1.7~2.0mm 　压力:　350~400kPa(52~60 psi)
HVLP	喷嘴: 　重力式:1.6~1.9mm 　压力:70kPa(风帽处最大值 10 psi)	喷嘴: 　重力式:1.7~2.0mm 　压力:70kPa(风帽处最大值 10 psi)

(2)穿戴好工作服、护目镜、过滤式面罩、橡胶手套、安全鞋等劳保防护用品。

(3)用调漆尺或搅拌杆将中涂底漆彻底搅拌均匀(图5-11)。

(4)按照喷涂的面积所需要的量,将底漆倒入合适的容器或量杯中(图5-12)。

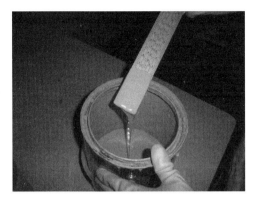

图5-11　搅拌涂料

图5-12　倒出涂料

(5)按照产品技术说明上所给的比例用调漆比例尺添加适量的固化剂、稀释剂(图5-13)。P565-510高固含量厚膜底漆作中涂使用时与固化剂、稀释剂的比例是5∶1∶1。固化剂及稀释剂的型号要根据施工时的环境温度和喷涂面积来确定。

(6)用搅拌尺对添加好各组分的涂料进行彻底搅拌均匀。

(7)根据涂料特点和产品技术说明,选择合适口径的底漆喷枪。

(8)用过滤网将调配好的涂料过滤到喷枪里(图5-14)。

图5-13　添加固化剂及稀释剂

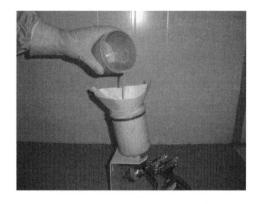

图5-14　过滤涂料

(9)连接气管,调节喷枪,通过雾形测试的方法检查喷枪是否调整好。

(10)按照产品的施工说明进行中涂底漆的喷涂。P565-510高固含量厚膜底漆的施工工艺见表5-9。

中涂底漆的喷涂一般采用三遍涂层的施工方法:

①第一层喷涂:为了提高涂层的亲和力,避免产生不良反应,先将原子灰与旧涂层结合部位雾喷一层即可,如图5-15所示。

②第二层喷涂:待第一层充分闪干,涂层没有出现不良反应之后,将整个原子灰及原子灰周围的区域薄喷一层,至半光泽状态即可,如图5-16所示。

中涂底漆施工工艺说明 表5-9

工艺	中涂工艺	喷灰工艺
	P565-510 高固含量厚膜底漆施工工艺	
	喷涂2~3层 涂膜厚度达到80~120μm 注意:膜厚取决于喷嘴型号,如需达到最佳效果,请参照上述建议	喷涂3~4层 涂膜厚度可达到150~200μm 注意:膜厚取决于喷嘴型号,如需达到最佳效果请参照上述建议
	涂层间闪干约5min	涂层间闪干为5~7min
	20℃时风干时间: 80~120μm 2h 150μm 3h 金属表面温度为60℃时烘烤20min	20℃时风干时间: 200μm 3~4h 金属表面温度为60℃时烘烤20min
	在红外线干燥前闪干5min 灯与工件的距离:70~100cm 短波烘烤:8~12min	在红外线干燥前闪干5min 灯与工件的距离:70~100cm 短波烘烤:8~12min
	使用以下型号砂纸机器打磨: P400或更细:纯色漆/单工序金属漆 P500或更细:底色漆 注意:推荐在机器干磨前,使用手刨手工打磨底材,此步骤可以增强涂膜平整度,促进下一步机磨的效果,具体工序参照干磨施工流程图	
面 漆	P565-510/511底漆上可以直接喷涂P420系列2K纯色漆、P421系列2K单工序金属漆、P422 2K底色漆和P989 Aquabase Plus底色漆 经打磨后的P565-510/511如果存放了超过两天,进一步喷涂面漆前需要重新打磨	

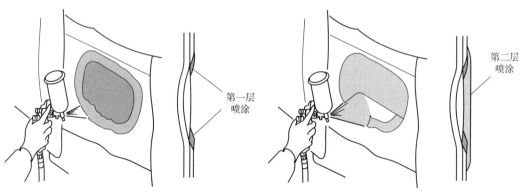

图5-15 第一层中涂底漆喷涂　　　　　　图5-16 第二层中涂底漆喷涂

③第三层喷涂:待第二层涂料充分闪干,涂层没有出现不良反应之后,扩大喷涂范围,将整个损伤区域正常湿喷一层,如图 5-17 所示。

三层喷涂完之后,一般情况下可以达到涂层所需要的厚度。如果检查之后感觉厚度不够或上面还有很多细小的针孔及划痕等,还可以在第三层的基础上再湿喷 1~2 层。确保整个中涂底漆喷涂完之后,涂层饱满光滑、均匀平整,没有大的缺陷,边缘平滑,没有明显的台阶等,如图 5-18 所示。

提示:由于中涂底漆喷涂出来的漆雾较粗,如果较粗的漆雾颗粒被覆盖在后续涂层下面,则较难打磨,为了使后续喷涂的漆雾落在前一层的表面,易于打磨,也可以在喷涂中涂底漆时按照"从大到小"的范围进行喷涂。

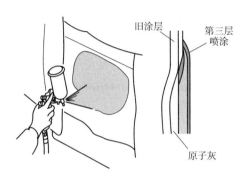 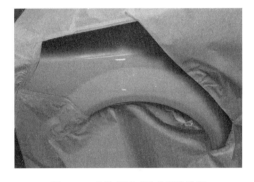

图 5-17 第三层中涂底漆喷涂　　　　图 5-18 中涂底漆喷涂的最终效果

(11)完成喷涂后,将多余涂料倒入专门的回收桶里面,将喷枪清洗干净。

4 干燥及修整中涂底漆

(1)待中涂底漆闪干之后清除掉工件上的遮蔽纸及胶带。

(2)用烤灯对中涂底漆进行强制干燥(图 5-19)。

中涂底漆涂层在打磨前如果干燥不充分,不仅打磨时涂料会填满砂纸使打磨作业难以进行,而且喷涂面漆后往往容易出现涂膜缺陷。中涂底漆的干燥可采取自然干燥和低温烘烤干燥的方法,在气温较低时或为了提高维修的效率可采用红外线烤灯进行烘烤干燥。各类中涂底漆涂料的一般干燥时间见表 5-10。

各类中涂底漆涂料的平均干燥时间　　　　表 5-10

中涂底漆涂料类型	自然干燥(20℃)	低温烘烤干燥(60℃)
硝基类中涂底漆	30min 以上	10~15min
聚氨酯类中涂底漆	6h 以上	20~30min
环氧类中涂底漆	6h 以上	30min

(3)待中涂底漆完全干燥并冷却之后,检查涂层表面:

①如果涂层表面没有任何缺陷,则可以直接进入到打磨工序。

②如果涂层表面有针孔、轻微划痕等,则可使用单组分幼滑原子灰进行填补(图 5-20)。

③如果有较大的缺陷,幼滑原子灰不能填充起来的,则最好使用双组分原子灰进行填补,打磨平整后再次喷涂中涂底漆。

图 5-19 烘烤中涂底漆

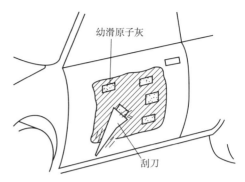

图 5-20 刮涂幼滑原子灰

5 打磨中涂底漆

由于中涂底漆一般有较好的封闭性,能防止水分子渗透,所以中涂底漆既可干磨,也可湿磨。

1)干磨

一般干磨中涂底漆的方法如下:

(1)穿戴好工作服、护目镜、防尘口罩、线手套、安全鞋等劳保防护用品。

(2)在中涂底漆上面涂上炭粉指示层(图5-21)。

(3)使用手工打磨块配合 P320 干磨砂纸将刮涂幼滑原子灰的地方打磨平整(图5-22)。

图 5-21 涂抹指示层

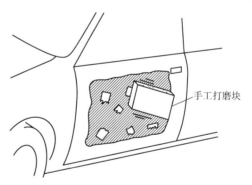

图 5-22 打磨幼滑原子灰

(4)涂抹炭粉指示层,使用手工打磨块配合 P360 干磨砂纸将中涂底漆不平整的地方打磨平整(图5-23)。

(5)涂抹炭粉涂指示层,使用 5mm 双作用打磨机配合 P400 干磨砂纸磨光中涂底漆,并同时将中涂底漆边缘磨薄,如图5-24所示。注意尽量不要磨穿中涂底漆,否则就达不到封闭及填充的效果。

(6)使用 3mm 双作用打磨机配合 P400 或 P500 干磨砂纸打磨中涂底漆及其周围需要喷涂面漆的部位(图5-25)。

提示:周围的旧涂层如果状况较好,一般只需要打磨到没有光泽、没有橘皮、平整光滑即可,尽量不要磨穿旧涂层,否则容易出现咬底、起皱等毛病。对于工件边缘或机械不好打磨的位置,应该采用手工打磨的方法打磨彻底,如图 5-26 所示。

图 5-23　手工打磨中涂底漆

图 5-24　机械打磨中涂底漆

图 5-25　机械打磨旧涂层

图 5-26　手工打磨凹陷部位

（7）用风枪及擦拭布清洁干净工件（图 5-27）。

（8）检查需要喷涂面漆的部位。

①如果表面打磨彻底、光滑平整、纹理一致、没有露底等则可以进入下一道工序。

②如果表面有针孔及轻微划痕或细小缺陷,则需要重新刮涂幼滑原子灰并打磨（图 5-28）。

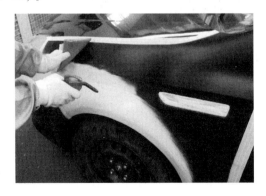

图 5-27　清洁工件

图 5-28　补刮幼滑原子灰

③如果有较大面积的磨穿或露底,则需要重新喷涂中涂底漆。

④如果工件表面不平整,达不到平整度要求,则需要重新刮涂原子灰。

2)湿磨

一般湿磨中涂底漆的方法如下:

(1)穿戴好工作服、护目镜、橡胶手套、防水鞋等劳保防护用品。

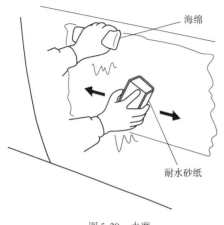

图5-29 水磨

(2)在中涂底漆上面薄薄喷涂一层深色单组分的快干涂料当指示层。

(3)用海绵蘸水淋湿工件,同时使用手工打磨块配合 P400 水磨砂纸将幼滑原子灰打磨平整(图5-29)。

(4)用手工打磨块配合 P500 水磨砂纸蘸水将中涂底漆打磨平整。

(5)用海绵蘸水配合 P600~P1000 水磨砂纸将需要喷涂面漆的部位磨毛。对于砂纸不易打磨的部位可以使用菜瓜布进行打磨。

(6)用抹布擦净整个工件,并用风枪将水吹干。

(7)检查整个需要喷涂面漆的部位。如果表面有缺陷应进行适当的修补;如果没有问题则可以进入下一道工序。

三 学习拓展

1 静电喷涂

静电涂装是以接地被涂物为正电极,涂料雾化装置为负极,工作时将涂料雾化装置带负高压电,在两极间形成高压静电场,阴极产生电晕放电,使喷出的涂料滴带电,并进一步雾化,按同性相斥、异性相吸的原理,带电的涂料滴在静电场的作用下流向相反电极的被涂物表面,沉积成一层均匀附着牢固的薄膜的涂装方法,如图5-30所示。

静电喷涂与空气喷涂相比有如下特点:

(1)涂料利用率大幅提高。一般空气喷涂时涂料的利用率仅为 30%~50%,对多孔或网状结构工件,涂料利用率还低于 30%。而采用静电喷涂,涂料粒子受电场作用力被吸附于工件表面,显著减少了飞溅及回弹,涂料损耗大大减少,利用率提高 1~2 倍。

(2)提高劳动生产率。静电喷涂适用于大批量生产,可多支喷枪同时喷涂,易于实现自动化流水作业,生产效率比空气喷涂提高 1~3 倍。

(3)提高涂装产品质量。由于带电涂料微粒受电场力作用在工件上放电沉积,并依据电力线分布产生环抱效应。通过对喷枪的配置和喷涂参数的调节,可以获得均

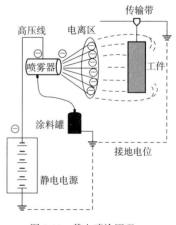

图5-30 静电喷涂原理

匀、平整、光滑、丰满的涂层,提高涂层的防护和装饰效果。

(4)改善涂装作业环境。空气喷涂漆雾飞溅严重,作业环境很差。而静电喷涂产生的漆雾飞溅很少,并且在喷漆室中进行,劳动条件大大改善。

静电涂装由于具有喷涂效率高、涂层均匀、污染少,并能适应大规模自动涂装生产线,所以逐渐成为在生产中应用最为普遍的涂装工艺之一,被广泛应用于汽车、仪器仪表、电器、农机、日用五金、家具、玩具等工业领域。

❷ 新车制造时的中涂底漆的施工

新车制造时的中涂底漆涂装的主要作用是增强底漆与面漆之间的附着力,提高面漆的机械强度,保证面漆表面的平整度。中涂底漆主要由机械臂自动喷涂完成,为提高喷涂速度、减少涂料的浪费,大多数汽车制造厂使用自动静电喷涂。新车制造时的中涂底漆的一般施工步骤如下:

(1)用自动静电涂装设备喷涂中涂底漆(图5-31)。

(2)对中涂底漆采用约140℃的温度烘烤干燥。

(3)对局部尘点、纤维、橘皮、流挂等进行打磨。

(4)用滚筒静电除尘设备对车身表面进行清洁(图5-32)。

图5-31 自动喷涂中涂底漆

(5)在整理报交观察平台对中涂底漆进行最终的质量检查(图5-33)。

图5-32 中涂底漆打磨

图5-33 中涂底漆干燥

四 评价与反馈

❶ 自我评价

1)理论知识掌握情况

(1)中涂底漆的作用是什么?汽车用中涂底漆必须具备哪些性能?

(2)常用的汽车修补中涂底漆有哪几种？各有什么特点？

(3)涂料选配时要考虑哪些方面的因素？

2)实践技能掌握情况
(1)劳保防护用品的选择。请根据表5-11所示内容,在相应的防护用品下面打"√"。

汽车中涂底漆施工中的劳动保护　　　　　表5-11

工序	推荐的涂装工防护用品							
	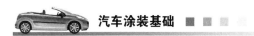							
打磨								
清洁								
除油								
调配涂料								
喷涂涂料								
遮蔽								
刮涂								

(2)汽车中涂底漆施工的规范工艺流程。请根据本节所学知识,完成表5-12所示内容。

汽车中涂底漆的施工工艺流程　　　　　表5-12

序号	主要操作步骤	所需要的工具、设备及材料	技术或质量要求

(3)请对本学习任务的学习内容及学习效果进行总结。

签名：＿＿＿＿＿　　＿＿年＿月＿日

❷ 小组评价

根据表5-13的评价项目对小组的任务实施情况做出评价。

小组评价情况表　　　　　　表5-13

序号	评 价 项 目	评 价 情 况
1	着装是否符合要求	
2	是否能合理规范地使用仪器和设备	
3	是否按照安全和规范的流程操作	
4	是否遵守学习、实训场地的规章制度	
5	是否能保持学习、实训场地整洁	
6	团结协作情况	

参与评价的同学签名：_____　　　____年__月__日

❸ 教师评价

_____

_____。

教师签名：_____　　　____年__月__日

五 技能考核标准

汽车中涂底漆的施工涂装技能考核标准表见表5-14。

汽车中涂底漆的施工涂装技能考核标准表　　　　　表5-14

序号	项 目	规定分	评 分 标 准	得分
1	遮蔽、除油	10分	遮蔽范围或方法不当扣2分/次，遮蔽不牢固扣1分/处	
			未正确穿戴防护用品扣1分/次，除油不彻底扣2分	
2	中涂底漆的调配	12分	未正确穿戴防护用品扣1分/次	
			使用前未搅拌中涂底漆和固化剂扣2分/次	
			用量估算过多扣2分	
			未按正确比例添加固化剂或稀释剂扣3分/次	
			未充分搅拌均匀中涂底漆、固化剂和稀释剂扣2分	
3	中涂底漆的喷涂	30分	喷涂前未除尘扣2分	
			未调整喷枪扣5分，未正确调整喷枪扣1~3分(视情况而定)	
			喷涂过程中没有正确闪干扣1~3分(视情况而定)	
			中涂底漆出现流挂、橘皮、涂层不均匀、未盖死扣2~5分/处(视情况而定)	
			工具、设备、材料未及时清洁还原扣2分/次	
4	中涂底漆的干燥	8分	闪干后未及时清除遮蔽纸扣1分	
			烤灯烘烤距离及温度不正确扣2分/项	
			未正确检查中涂底漆的干燥程度扣2分	

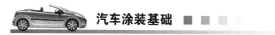

续上表

序号	项 目	规定分	评 分 标 准	得分
5	中涂底漆的打磨	40 分	未正确穿戴防护用品扣 1 分/次	
			未正确涂抹炭粉扣 2 分/次,未正确选择砂纸扣 2 分/次,未正确选择菜瓜布型号扣 2 分/次	
			未正确选择打磨机型号扣 4 分,打磨机或模块未平放扣 1 分/次	
			打磨方法错误扣 2 分/处	
			磨穿扣 3 分/处、橘皮扣 2 分/次、粗砂痕扣 2 分/处、漏磨扣 1 分/处	
			打磨后清洁不彻底扣 2 分,工具设备材料未及时清理扣 2 分/次	
	总分	100 分		

项目三　汽车面漆的涂装

学习任务6　汽车面漆的调色

学习目标

★ **知识目标**

1. 明确颜色的概念及属性；
2. 掌握颜色的表示方法；
3. 了解影响颜色的要素。

★ **技能目标**

1. 能完成相关工具设备材料的使用及维护；
2. 能完成颜色代码的查询；
3. 能完成颜色配方的查询；
4. 能完成计量调色。

建议课时

12课时。

任务描述

经过中涂底漆处理好的翼子板，准备进行面漆的涂装。在面漆涂装前，还需要你根据汽车原来的颜色调配出合适的面漆。

一 理论知识准备

1 颜色的概念及属性

颜色是光作用于人的眼睛后引起除形象以外的视觉特性。也可以说是,光线和感觉器官作用后所引起的一种生理感觉。

既然是一种感觉,由于每个人的生理结构、认知、理解、表达的不同,对颜色感觉描述的结果也会不同,那么如何对颜色进行定性、定量的描述呢?尽管颜色有很多,但纵观所有颜色,都有三个共同点,即一定的色彩相貌、一定的明亮程度和一定的浓淡程度,我们把颜色的这三个共同点称为颜色的三个属性或特性,分别称为色相、明度和彩度。无论什么颜色,都可以用这三种特性来进行描述。

1) 色相

色相也称色调或色别,它表示一定波长的单色光的颜色相貌,是表示物体的颜色在"质"方面的特性,是不同色彩之间彼此相互区分最明显的特征。它是能够比较确切地表示某种颜色类别的名称,如红、橙、黄、绿、青、蓝、紫,每一个名称都代表一类具体的色相,如图6-1所示。紫红、红、红黄等都是红色类中各个不同的色相,这三种颜色之间的差别就属于色相的差别。

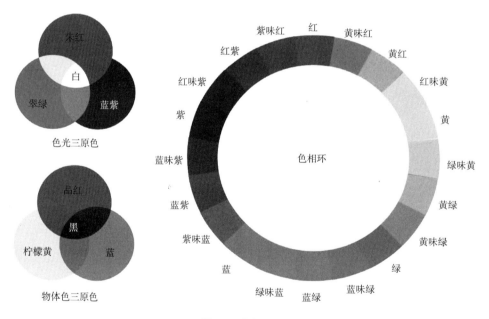

图6-1 色相环图

2) 明度

明度也称为亮度、深浅度或黑白度,它表示一个物体反射光线多少的颜色属性,是人们所看到的颜色引起的视觉上明暗程度的感觉,是表示物体的颜色在"量"方面的特性。同一色调可以有不同的明度,比如图6-2中的颜色色调都为绿色,它们之间的差别主要是明度之间的差别,也就是颜色深浅度之间的差别。不同色调也可以有不同的明度,如在太阳光谱中,紫色明度最低,红色和绿色明度中等,黄色明度最高,所以人们感到黄色最亮。

3) 彩度

彩度也称为纯度或饱和度,它是指反射或透射光线接近光谱色的程度,也可以说是表示颜色偏离具有相同明度的灰色的程度(图6-3)。彩度可分为0~20档,一般彩度小于0.5时就成为无彩色,彩度接近20时就接近饱和。彩度是颜色在心理上的纯度感觉。在可见光谱中各种单色光是最纯的颜色,为极限纯度。

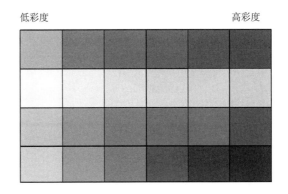

图6-2 明度变化图　　　图6-3 彩度变化图

2 颜色的表示方法

用一个三维空间的立体枣核形可以把颜色的三个属性(色调、明度、彩度)全部表示出来,如图6-4所示,一般称其为色立体。在色立体中,垂直轴代表黑白系列明度的变化,顶端是白色,下端是黑色,中间是各种灰色;中间最大的圆周代表色调,圆周上的各点代表光谱上各种颜色的色调,如红、橙、黄、绿、青、蓝、紫等(圆心是垂直轴的中心为中灰色,中灰色的明度和圆周上各色调的明度相同);从圆周向圆心过渡表示颜色彩度逐渐降低,颜色色调和彩度的改变不一定伴随明度的变化,颜色在色立体同一平面上变化时,只改变色调和彩度而不改变明度。只要颜色离开周围,它就不是彩度饱和的颜色了。

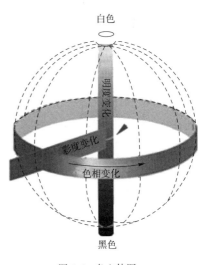

图6-4 色立体图

色立体是理想化了的示意模型,目的是为了使人们更容易理解颜色三属性的相互关系。在汽车修补漆调色练习中,人们常以孟塞尔颜色系统(图6-5)为理论基础制作出颜色标绘图(图6-6)。

理论上,要在平面表示一个三维的空间,至少要用两个平面坐标,为了清楚地表达颜色的三个属性,颜色标绘图中用了三个平面坐标。

通常在调色比较两块色板时,并不需要定量地描述这两块颜色的三个参数,只要分析这两块色板或颜色之间的差别就可以。例如比较图 6-7 中的两块红色样板,我们经过对比发现:A 板显得蓝些,B 板显得黄些;A 板显得深些,B 板显得浅些;A 板显得灰暗些,B 板显得鲜艳些。

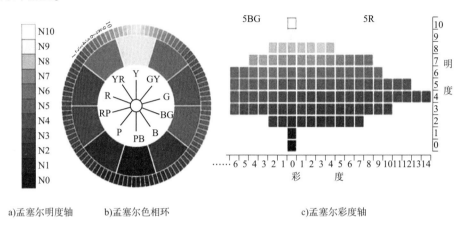

a)孟塞尔明度轴　　b)孟塞尔色相环　　　　c)孟塞尔彩度轴

图 6-5　孟塞尔颜色系统

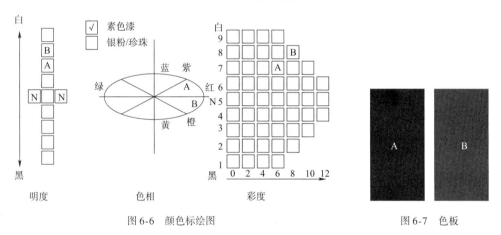

图 6-6　颜色标绘图　　　　　　　　　　　图 6-7　色板

这样我们可以在平面标绘图上简单、明了地表示两个或两个以上的颜色之间的差别。只有把颜色的差别明确无误的标绘出来,才能通过正确的调色程序缩小颜色的差别。

❸ 影响物体颜色的因素

自然界中的每种物体都有各自的光学特征,在太阳光的照射下会呈现出不同的颜色,这种颜色称为物体的固有色。通常物体的固有色是不变的,但是当观察对象或观察条件出现变化时,它们所呈现的颜色也就不同了,所以必须在一定条件下确定物体的颜色。

1)光源色的影响

光源色是指光源发射的光的颜色。光源发射的光所含光谱成分不同,光的颜色就不同。每种物体都因其特定的化学结构而具有固定的光学特性,所以同一物体在不同的光源照射下将会呈现不同的颜色(图 6-8)。在调色时,应采用自然光或人造日光。自然光指从日出 3h 以后到日落 3h 前的北方光线,此时光照均匀。人造日光指光谱能量接近自然光的人造光源,如 D65 光源。

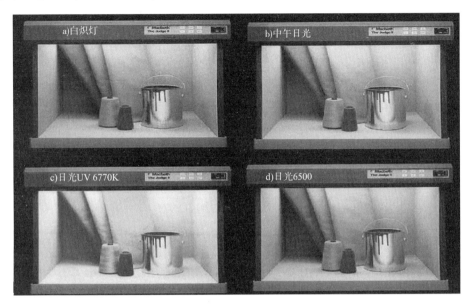

图 6-8 光源色对物体颜色的影响

2) 环境色的影响

环境色是指被观察物体周围邻近物体的颜色。这些邻近物体都会反射或透射一定的色光到被观察物体上,从而对观察对象的颜色产生一定的影响。一般来说,颜色鲜艳或面积大的邻近物体所产生的环境色影响较大;邻近物体与被观察物体距离近时产生的影响大;被观察物体表面越光滑,受环境色影响也越大。在比色时,要求观察者所穿的衣服及周围的环境色最好为中性色,尽量避免对物体的干扰。

3) 观察者的影响

每个人眼睛的灵敏度总是稍有差别的,甚至认为色觉正常的人,对红或蓝仍可能有所偏倚;随着年龄的增加,视力也会改变。由于这些因素,同一种颜色在不同的人看来也是不一样的。因此,尽量选用仪器比色评价。当进行目视比较时,对观察者的要求是:观察者必须由没有色视觉缺陷的人来担当,如果观察者佩戴眼镜,镜片必须在整个可见光谱内有均匀的光谱透过率;为了避免眼睛疲劳,在对有强烈色彩样板比色时,不要立即对浅色样板和补色样板进行比色;在对明亮的高彩度色进行比色时,如不能迅速做出判定,观察者应对近旁中性灰色看上几分钟再进行比色;如果观察者进行连续比色,则应经常间隔地休息几分钟,以保证目视比色的质量,同时在休息期间不要看彩色物体。

4) 物体大小的影响

物体小时反光面小,颜色看起来偏暗;物体大时反光面大,颜色看起来偏亮偏鲜艳。如有人在检查了墙纸的小块样片以后选择了他认为很好的一种,但当墙纸贴到墙上之后,却又觉得太亮了。这就是所谓的面积效应。在进行目视比色或喷涂试板时,试板和参照标准板都应当是平整的,尺寸不应小于 120mm × 50mm。

二 任务实施

1 准备工作

1）工具设备的准备

（1）调漆机。调漆机又称油漆搅拌机（图6-9），因为涂料中的树脂、溶剂及颜料的密度不同，经过一段时间就会分离，在使用以前需要充分混合，调漆机就是起搅拌作用的。同时利用配套的油漆搅拌器（图6-10），可以方便地倾倒出油漆。调漆机根据上面的搅拌头数量可以分为很多规格，常用的规格有33头、59头、75头、108头等，在选择时一般是根据需要用到的色母数量来选择不同的规格。

图6-9　调漆机

图6-10　油漆搅拌器

适当维护调漆设备对于正确调漆是至关重要的，调漆设备在平时使用时应做到：

①调漆机安装时应放在平整、坚实的水平地面上，用螺栓固定好，防止搅拌时不稳，涂料罐掉下来。

②涂料上调漆机之前，一定要先将其搅拌均匀再装上油漆搅拌器。如果直接利用搅拌机进行搅拌，很有可能因为涂料沉淀太厉害而导致底部的涂料搅拌不起来。为了避免涂料在调漆机上沉淀，应该每天上午和下午各开动调色架一次，每次至少搅拌15min。

③油漆搅拌器在使用过程中应保持清洁无尘，及时清除浆盖出漆口处的涂料，否则浆盖的出漆口关闭不严，溶剂蒸气放出，成为安全隐患。同时由于涂料中的溶剂挥发，色母逐渐浓缩，影响调色的准确性。浆盖出口附着干固的涂料会影响色母倾倒和滴加的可控制性，甚至还会掉进容器内，影响色母称量的精确性。

④放置调色机的房间要通风，避免阳光直射，温度要适中，一般为10~30℃，最好保持在20℃左右。

⑤色母上架后保持期一般不超过一年，时间太长质量下降，还会影响调色精确度。

（2）颜色配方软件。目前一些规范的涂料公司都有自己完善的颜色配方软件（图

6-11），即电脑软件数据库中存有所有颜色配方，用户只需将颜色代码和分量输入电脑就可以直接查阅计算好的配方数据。

图6-11　颜色配方软件

（3）色卡。色卡是根据不同的颜色配方做出来的颜色卡片。通过色卡，可以直观的反映出颜色的属性。现在色卡的分类方法一般采用两种方式：一种是按照色系来分的，如红色系、蓝色系、黄色系等（图6-12）；还有一种是按汽车厂商来分的，如大众、通用、丰田等（图6-13）。当汽车品牌不清，或颜色资料不全时可以选择按色系法进行查找。

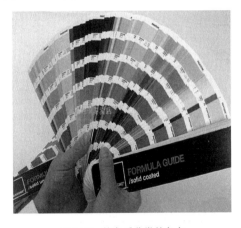

图6-12　按色系分类的色卡　　　　　　图6-13　按汽车厂商分类的色卡

色卡是很重要的调色工具，一套完整、齐全的色卡会对调漆工作起到事半功倍的效果。在调色中应该正确掌握和利用这些资源。

（4）色母挂图。色母挂图是表现色母特性的颜色资料（图6-14）。是为了让调色人员能直观地了解色母的特性，方便调色而制作的。

各个涂料公司的色母挂图的样式虽然各有不同，但一般包括以下方面：色母的属性、色母的正侧面色调、颗粒大小、在色相环中的位置、与白色母或银色色母按一定比例混合后的颜色等。

(5)电子秤。电子秤是计量调色中用来称重涂料的(图6-15)。调色所用的电子秤精确度不小于0.1g。

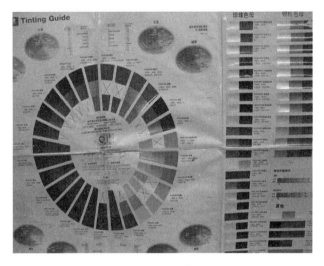

图6-14 色母挂图

图6-15 电子秤

(6)颜色分色仪。颜色分色仪是一种可以进行电脑分色的电子仪器,如图6-16所示,它具有修正软件,可以手提,并可以结合智能磅使用。分色仪操作简单,用途广泛,对技术要求不很高,尤其是在车型和颜色资料不全、颜色色号未标在维修手册上时更能突出其优势。

(7)配色灯箱。配色灯箱的主要作用是在光线不好的情况下调色时模拟一个自然光的环境,用于比色和调色(图6-17)。现在常用的比较接近日光的光源为D65光源。由于不同光源下看到的颜色有所不同,所以在灯箱中一般还配备了其他几种不同的光源,用于不同的作用。如用类似于白炽灯的红光光源来鉴别颜色;用紫外光光源来观察涂料中颜色的某些特性等。

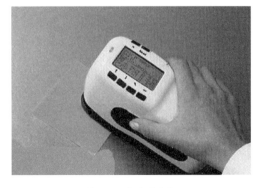

图6-16 颜色分色仪

图6-17 配色灯箱

(8)烘箱。烘箱是一种强制烘干实验样板的烘干设备,在人工调色烘干样板时使用。

(9)其他工具及设备。其他还需要用到的工具如涂料罐、调漆尺、喷涂试板等。

2) 主要材料的准备

(1) 色母。色母顾名思义就是各种颜色之母,用其可以调配出各种需要的颜色。一般规范的涂料公司都有一套齐全的色母,用它可以调出市场上大多数的颜色。由于各个涂料公司的涂料性质和色母颜色有所不同,所以不同品牌的色母或同一品牌不同型号的色母不宜掺和使用。汽车修理厂一旦选择了某一品牌的汽车修补涂料,不宜频繁更换,因为改换品牌,不但会浪费剩余的色母和涂料,而且还会损失自己多年积累的调色经验和资料。

目前汽车修补涂料主要采取两种方法设计色母系统:一种是把色母分为两个系列,一个系列是单工序面漆用的双组分色母,另一个系列是双工序和三工序面漆用的单组分色母;另一种方法是只使用一套色母,调色后在色母中加入树脂,由加入的树脂类型决定面漆是单组分的还是双组分的(三工序与双工序一般使用同一套色母)。如我们本次采用的某品牌色母就是采用的第二种分类方法,它最后是通过添加调和清漆或控色剂来改变涂料的性质的。

(2) 其他材料。其他还需要使用到的材料包括除油剂、稀释剂、固化剂、擦拭布等。

❷ 查询颜色代码

由于汽车颜色种类繁多,每个汽车生产厂家在制造汽车过程中都会对汽车车身的颜色用数字、字母或其组合进行区分标记,这种表示颜色信息的符号即颜色代码。在调色时必须先获得颜色代码,才能快速的查询到颜色的配方。查询颜色代码的一般方法有以下三种。

1) 查询车辆维修手册

通过车辆维修手册上的相关内容,找到颜色代码。

2) 查询汽车铭牌

通过查找汽车上的信息铭牌,找到颜色代码。其方法一般分为两步:

(1) 查找铭牌。不同型号的汽车,颜色代码铭牌所在位置有所不同,如图6-18和表6-1所示。

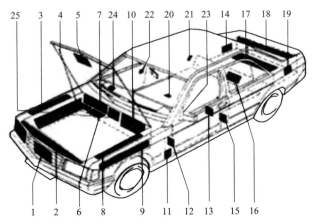

图6-18 常见汽车颜色代码铭牌所在位置图

汽车颜色代码铭牌位置表　　　　　　　　　　　　　　　　　表 6-1

车厂车牌	对应中文	颜色代码铭牌位置	车厂车牌	对应中文	颜色代码铭牌位置
Alfa Romeo	阿尔法·罗密欧	5,7,8,18,19	Lotus	莲花	3,9,10
Dacia	达起亚	7,10,19	Mazda	马自达	2,3,5,7,10,15,21
BMW	宝马	3,4,8	Mercedes Benz	奔驰	2,3,8,10,12
Chrysler	克莱斯勒	4,7	Mitsubishi	三菱	2,3,7,8
Citroen	雪铁龙	3,4,7,8,10	Nissan	尼桑	2,4,5,7,8,10,15
Daewoo	大宇	2	Opel	欧宝	2,3,4,7,8,10,19
Daihatsu	大发	1,2,7,10	Peugeot	标志	2,3,4,7,8,9
Ferrari	法拉利	2,5,8,14,18,19	Porsche	保时捷	5,7,10,12,14,15
Fiat	菲亚特	2,3,4,5,10,18,19	Renault	雷诺	3,4,5,7,8,10,19
Lancia	蓝旗亚	2,4,5,7,10,12,18	Rolls Royce	劳斯莱斯	8
Ford	福特	2,3,7,8,10,15,22	Saab	萨博	4,8,10,16,17,20
GM	通用	19	Seat	喜悦	8,10,17,18
Honda	本田	3,10,15,18	Skoda	斯柯达	8,10,17
Hyundai	现代	7	Ssangyong	双龙	6
Isuzu	五十铃	2,7,10,13,15	Subaru	斯巴鲁	1,2,3,8,10
Jaguar	美洲豹	2,5,12,13,15,22	Suzuki	铃木	3,4,7,8,10,21
Kia	起亚	10	Toyota	丰田	3,4,7,10,19
Lada	拉达	4,5,17,18	Volkswagen	大众	1,2,11
Land Rover	路虎	2	Audi	奥迪	14,17,18,19
Lexus	雷克萨斯	10	Volvo	沃尔沃	2,3,4,6,7,10

（2）查找铭牌上的颜色代码。不同品牌的汽车，颜色代码的表示方法各有不同，如图 6-19 中圆圈所示为丰田汽车的颜色代码，图 6-20 中圆圈所示为大众汽车的颜色代码。

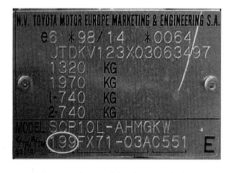

图 6-19　丰田汽车铭牌上的颜色代码

图 6-20　大众汽车铭牌上的颜色代码

3）查询色卡

当找不到颜色代码铭牌或车身颜色与代码颜色不符时，可以直接利用色卡与车身表面的颜色进行对比，找出颜色最接近的色卡（图 6-21），再查看色卡上的颜色代码（图 6-22）。

提示:如果没有十分匹配的色卡,当调配纯色漆时,应该选择彩度和亮度比车身颜色高的色卡,在这个色卡的基础上再进行微调,纯色漆很容易从鲜艳、明亮向灰暗方向调整;当调配金属漆时,最好选择一个侧面稍暗的色卡或一个正面偏亮、侧视偏暗的色卡,在这个色卡的配方基础上调色,很容易通过加大控色剂或白色把颜色校正过来。

图 6-21 色卡对比

图 6-22 色卡上的颜色代码

❸ 查询颜色配方

一般大型汽车涂料生产厂商在每出来一种新车颜色时,会立即实验出该颜色的配方,以供汽车涂料调色使用。我们通过涂料厂商提供的各种颜色工具,就可以快速地获得相应的颜色配方。查询颜色配方的一般方法有以下三种。

1)利用色卡获得颜色配方

有的涂料厂家会将一些常用的颜色配方直接印在色卡背面(图 6-23),这样可以更方便、快捷的获得颜色配方。但是受制于色卡大小的原因,一般能提供的信息量不是很大,如一般只提供 1L 的配方量,需要其他量的时候要先计算好再来调配。

2)利用胶片获得颜色配方

在早期涂料厂家一般是将颜色配方及其相关信息浓缩在微缩胶片上,再利用放大设备进行查找(图 6-24)。当计算机普及之后发现这种方式查找烦琐、更新不方便,已经很少使用。

图 6-23 色卡及颜色配方

图 6-24 微缩胶片及放大器

3)利用配方软件获得颜色配方

利用配方软件获得颜色配方的方法由于更新方便、查找迅速、信息量大等特点,目前使用较多。下面我们以某品牌的颜色配方软件为例,介绍利用软件获得颜色配方的方法:

①运行程序,打开颜色配方软件界面,如图6-25所示。

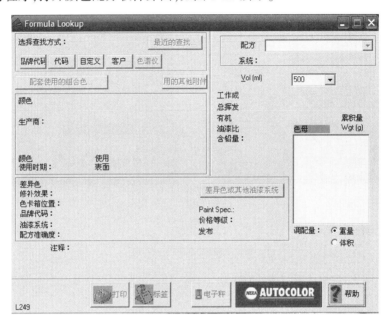

图6-25 颜色配方软件界面

②单击"代码"按钮,弹出"生产商颜色代码搜索"窗口(图6-26)。

③在代码栏里输入颜色代码,如图6-27所示,然后单击"确定",弹出"选择颜色"界面(图6-28)。

图6-26 生产商颜色代码搜索界面　　　　　图6-27 输入颜色代码

④分析"选择颜色"界面提供的信息(如颜色名称、使用地区、使用日期、使用部位、生产商、车型等),找出我们需要的颜色名称栏,单击"确定",获得颜色配方及相关信息(图6-29)。

4 计量调色

获得颜色配方之后,就可以按照我们需要的量依次称重计量色母,具体步骤如下:

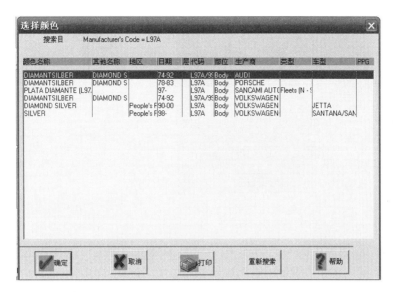

图 6-28　选择颜色界面

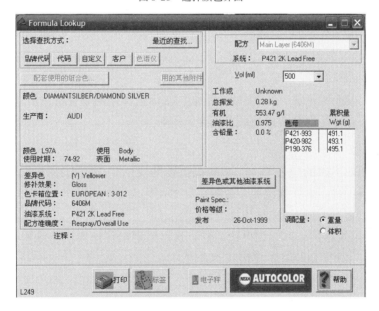

图 6-29　颜色配方界面

(1) 穿戴好合适的劳保防护用品。

(2) 先根据配方确认色母的品种及数量是否足够,再将调漆机打开进行充分搅拌,保证所有色母搅拌均匀。

(3) 将电子秤放平放稳,然后打开电源开关进行预热。

(4) 准备好盛放涂料的容器并放置在电子秤上,同时将电子秤清零(图 6-30)。

(5) 按配方所示的量,依次加入色母(图 6-31),完成计量调色。

在计量调色时应注意以下几点:

①对颜色有把握时可以需要多少调多少,没有把握时先根据配方调出小样。

图 6-30　电子秤清零　　　　图 6-31　计量调色

②电子秤的精度是 0.1，第二位的小数部分看不到，需要在心里估算。一般而言，滴加一小滴色母的质量为 0.02～0.05g。电子秤是不具备四舍五入的功能的，如 0.19g，电子秤显示 0.1g，所以实际的质量一般比显示的质量大。因此，在理论上要准确调配一个配方，每个色母的最小加入量应该在 0.5g 以上，当配方量放大到 1L 的配方时，颜色也是准的。

③注意累加量和单独计量的区别。很多调漆人员习惯使用累加量的方法来调漆，即每次加完色母后电子秤不归零，直接在其上面添加第二个色母的方式，正如上面所讲那样，当每次的误差不断积累起来后，后面所加的色母会偏少。如涂料的质量是 6.19g，显示是 6.1g，这时只要滴加一小滴色母，电子秤立即显示 6.2g。这种差量虽然不大，但在加入少量对颜色影响较大的色母时，误差就会很大。实际选择使用哪种称量方式要灵活掌握，重要的是要知道有哪些误差会影响调色精度。

5　比对颜色

按照配方调配出来的颜色不一定跟我们需要的颜色完全匹配，所以在喷涂之前需要进行颜色的分析比对。比对颜色的一般程序如下：

（1）将计量调色调好的油漆搅拌均匀。

（2）将油漆施涂在试板上。如果是纯色漆建议采用试杆施涂法将涂料用试杆涂抹在试板上（图 6-32）；如果是金属漆或珍珠漆应该采用喷涂试板的方法将涂料喷涂在试板上（图 6-33）。

提示：①如果施涂试板的面积太小，将影响对颜色的判断，所以一般要求试杆施涂的最小尺寸为 30mm×30mm，喷涂的试板最小面积为 100mm×150mm。

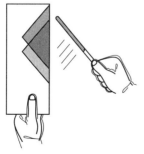

图 6-32　试杆施涂　　　　图 6-33　试板喷涂

②不管是试杆施涂还是喷涂,都要保证涂膜均匀、遮盖住底材,能充分反映实质的颜色。

(3)经过一段时间静置后,将试板置入烘箱中烤干。如果在施涂后直接将试板放入烘箱中烘烤,会导致涂料表面产生小孔,影响颜色的判断,所以一般需静置5~10min再进行烘烤。

(4)将颜色试板放在标准色板旁边进行分析对比(图6-34)。

在进行颜色对比时要注意以下几点:

①放置时将试板和标准颜色板或工件放在同一平面,采用同时对比的方法进行比较。

②标准色板比色的部位应该光泽度高,颜色准确。如果表面已氧化或有细微缺陷,应先用抛光剂处理好之后,再行比较。

③最好选择自然光或接近日光光源的场所比色。

④注意不要受周围环境色的影响。

⑤比较时为了能准确判断颜色,至少要从三个不同的角度观察(图6-35),即直接观察、间接观察、正面观察。

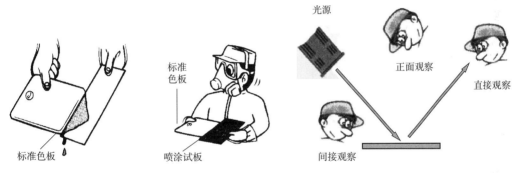

图6-34 颜色对比   图6-35 色板的观察角度

⑥观察时视距的远近要随物体的大小而改变。一般在观察车身时站在3~5m处,观察小试板时距离1m左右。

(5)根据颜色的三个属性,分别从明度、色调和彩度三个方面进行比较,并把比较结果标注在颜色标绘图中。

如果试板颜色与标准板颜色比较接近,能通过喷涂技巧或过渡的方法来达到颜色基本一致的,则可以直接使用。如果颜色差异较大,则还需要对颜色进行微调才能使用。两个颜色完全一致的情况几乎是不可能的。

三 学习拓展

❶ 人工微调

对与标准色颜色不一致的涂料,通过分析判断需要添加的色母及数量,以获得理想颜色的过程称为人工微调。通过配方软件调配出来的油漆,一般与标准色板颜色比较接近,如果颜色有差异,则需要进行人工微调。人工微调的一般方法如下:

(1)明度的调整。查看颜色标绘图:当试板颜色比标准色板颜色深时,可以通过添加白色、银色或其他浅色色母来调整;当试板颜色比标准色板颜色浅时,可以通过添加黑色或其他深色色母来调整。

(2)色相的调整。通过颜色标绘图上的标记,分析标准色板的颜色相对于试板颜色偏向什么色调,然后再分析看通过添加哪种色母能达到标准色板偏向的色调。每种颜色的色调可以向两个方向调整。如红色可以向橙色或紫色方向调整;黄色可以向橙色或绿色方向调整;蓝色可以向紫色或绿色方向调整等。

(3)彩度的调整。当试板颜色比标准色板颜色鲜艳时,可以加入少量黑色或白色使颜色变浑浊(加入黑色会使颜色变深,加入白色会使颜色变浅);当试板颜色比标准色板颜色浑浊时,可以加入适量的饱和度较高的色母来改变彩度。

上面介绍的人工微调只是很简单的分析调整方法,在具体调配时还应注意以下几点:

①加入任何一个色母都可能会引起颜色两个或三个属性的变化,所以添加色母时需要综合考虑,如加入黑白色调整明度时会把彩度变浑浊,调整色调也会同时改变明度和彩度等。

②每次添加色母时,应先小量试加,观察颜色的变化,看颜色走向是否正确,如果颜色走向是对的,再来判断添加的量;如果颜色走向是错的,就需要重新分析添加什么颜色的色母合适。一定要避免在不确定的情况下添加太多的色母,导致整个油漆颜色的报废。

③在没有确切把握的情况下,每次调整时最好只针对颜色的一个属性进行调整,但必须要同时考虑对另外两个颜色属性所产生的影响。

④每次调整完后,一定要制作试板进行颜色对比。

⑤颜料有不同的沉降效果。由于白色颜料、黄色颜料等一些颜色较浅的颜料的密度较大,在刚刚喷涂时,颜料颗粒被均匀分散,颜色会显得较浅,当涂膜慢慢干燥的过程中,重的颜料会沉到下面,轻的颜料留在上面,所以颜色会由浅变深。所以在调素色漆时一般要求湿漆调配得比目标板的颜色浅、淡一些。这也是为什么刚喷涂完的素色漆面和干固后的素色漆面颜色有所不同的原因。但是在调金属漆时,由于金属漆干燥快、漆膜薄,金属颗粒不易下沉,金属色母对光的反射或折射较强,而重的素色颜料下沉会使金属色母的反射更强,颜色干燥后就会变浅,所以在调金属漆时一般要求湿漆调配得比目标板稍深一些。如果用金属漆湿漆比色,就会因为湿漆中金属颗粒易沉底从而显得颜色更深,而喷涂后就会显得颜色浅得非常多,所以金属漆一定要用喷板比色的方法调色。

⑥尽量不选用遮盖力比较差的色母作为主色,即使不得不选用,也要尽量搭配使用高遮盖力的色母。如在调配红色、黄色等颜色时。

⑦调配白色时微调色母尽量选用低浓度的色母。浓度高的色母其浓度一般是低浓度色母的好几倍,即使1L里面只用一滴,在白色中也能明显地反映出来,因为人眼对白色的分辨能力比别的颜色强,所以选用低浓度色母的好处是微调时容易控制变化范围。

⑧黑色的表面光泽对判断其色差起着决定性的作用。新喷涂的黑色由于表面光泽太高而容易给人造成新修理漆面过黑的误解,可以先打蜡抛光再进行比较。甚至在喷涂前加入少量的白色母使原黑色配方稍微浑浊一点。

⑨防止颜色异构。颜色异构就是在不同的光源(如太阳光和荧光灯)反射下颜色的偏差有所不同,如在室内看着比较准确的颜色,到了室外再看颜色就走了样(图6-36)。

常用来判断的方法就是在日光和荧光灯下进行比较。在工作中可以采用最少两个以上光源,例如透过车间顶棚的光下和车间外充足的光线下作比较、自然光和荧光灯、烤漆房的内外作比较等方法来进行检验。颜色异构在调配黄/橙色、红色及黄绿色中是相当常见的现象,所造成的色差一般较小,如果有轻微颜色异构,可以以自然光下观察的效果为准,如果出现了严重的异构现象,基本上都与色母选用不当有关。这时候仅在原配方基础上增减色母数量已经不能很好地解决问题了,一定要改变所用的色母以将颜色异构减少到最低程度。

图 6-36　颜色异构

如果在刚开始微调时不确定到底缺少哪个颜色,不知道从颜色的哪个属性调起,也可以按以下的方法进行微调练习:

①按配方中色母的数量准备量杯,并将每个量杯里面加入等量的涂料(图 6-37)。

②往每个量杯中都添加少量的配方中的各色色母(图 6-38),记录所加的量,然后彻底混合。

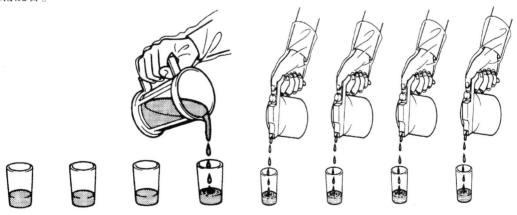

图 6-37　倒入等量的涂料　　　　　　　　　图 6-38　倒入各色色母

③使用试杆施涂法,将各个量杯中混合后的涂料施涂到测试板上,并与标准色板进行对比,找出最接近的色板(图 6-39)。

④按最接近的色板所添加的色母种类再少量添加,记录所添加的量,并用试杆重叠施涂(图 6-40),然后与标准色板进行对比。

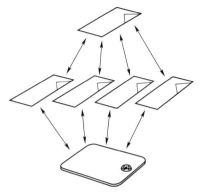

图6-39 找出最接近的色板

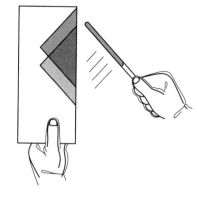

图6-40 重叠施涂

⑤重复步骤④的操作,直至确定颜色基本一致为止(图6-41)。
⑥喷涂试板,确定最终的颜色是否一致(图6-42)。
⑦累加色母的添加量,计算所占小杯涂料的百分比,再将大杯涂料按此百分比调配好。

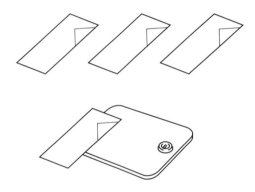

图6-41 找出最接近色板

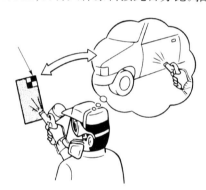

图6-42 喷涂试板

2 电子测色调色技术

电子测色配色系统是集测色仪、计算机及配色软件系统于一体的现代化设备。汽车涂料涂装行业用的电子测色配色系统主要是将各种颜色的配方数据预先储存在计算机中,通过测色仪测得涂层颜色数据后(图6-43),与计算机中的颜色配方数据库进行分析比较,然后匹配出最接近的颜色配方,最后根据此配方用相应的色母混合即可调出接近的颜色。使用电子测色配色系统,能把复杂烦琐的调色工作改变为一种快速、方便而又准确的调色方式,工作起来简单容易,且数据易更新及时,大大方便了汽车修补涂装的调色工作。

电子测色调色系统使用时必须要注意以下要点:

(1)计算机中必须储存够一定数量的各种品种的色漆配方与色号,如果储备数量和品种规格不足,电子测色配色系统就很难分析、比较、选择出最接近的颜色配方。

图6-43 测色仪测色

项目三 汽车面漆的涂装

(2)通过测色仪测试后显示的颜色配方为最接近的参考配方,并非绝对标准配方,需要喷涂试板比色后判断是否可以过渡修补还是需要微调。

(3)测色仪的使用必须严格遵循生产厂商的使用要求进行,确保每天校正2次,否则会严重影响测试效果。

四 评价与反馈

1 自我评价

1)理论知识掌握情况

(1)什么是颜色?颜色的基本属性有哪些?

(2)色立体是如何表示颜色的属性的?

(3)影响物体颜色的因素有哪些?

2)实践技能掌握情况

(1)劳保防护用品的选择。请根据表6-2所示内容,在相应的防护用品下面打"√"。

汽车面漆调色工作中的劳动保护　　　　　表6-2

工序	推荐的涂装工防护用品							
计量调色								
比对颜色								
喷涂试板								

(2)汽车面漆调色的规范工艺流程。请根据本节所学知识,完成表6-3所示内容。

汽车面漆调色的工艺流程　　　　　表6-3

序号	主要操作步骤	所需要的工具、设备及材料	技术或质量要求

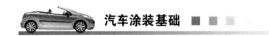

3) 请对本学习任务的学习内容及学习效果进行总结。

签名：_____　　___年__月__日

❷ 小组评价

根据表6-4的评价项目对小组的任务实施情况做出评价。

小组评价情况表　　表6-4

序号	评价项目	评价情况
1	着装是否符合要求	
2	是否能合理规范地使用仪器和设备	
3	是否按照安全和规范的流程操作	
4	是否遵守学习、实训场地的规章制度	
5	是否能保持学习、实训场地整洁	
6	团结协作情况	

参与评价的同学签名：_____　　___年__月__日

❸ 教师评价

教师签名：_____　　___年__月__日

五　技能考核标准

汽车面漆调色技能考核标准表见表6-5。

汽车面漆调色技能考核标准表　　表6-5

序号	项目	规定分	评分标准	得分
1	查找颜色代码	10 分	能正确快速地使用一种方法查询到颜色代码得5分，否则扣5分	
2	查找颜色配方	15 分	能正确快速地使用一种方法查询到颜色配方得10分，否则扣10分	
3	计量调色	25 分	未正确穿戴防护用品扣2分/次	
			未正确充分搅拌色母扣5分	
			未正确使用电子秤扣5分/次	
			未及时清洁搅拌浆盖出漆口扣1分/次	
			未准确倾倒色母数量扣5分/次	
4	比对颜色	30 分	未正确穿戴防护用品扣2分/次	
			未充分搅拌涂料扣5分/次	
			未正确施涂试板扣5分/次	

项目三 汽车面漆的涂装

续上表

序号	项 目	规定分	评 分 标 准	得分
4	比对颜色	30 分	比对方法及角度不正确扣 5 分/次	
			颜色属性判断不正确扣 5 分/项	
5	人工微调	20 分	未正确穿戴防护用品扣 2 分/次	
			判断添加色母不正确扣 5 分/次	
			添加色母数量误差太大扣 5 分/次	
			未及时清洁整理工作台扣 5 分	
	总分	100 分		

学习任务7　汽车面漆的施工

 学习目标

 知识目标

1. 明确面漆的作用及要求;
2. 熟悉面漆的种类及特点;
3. 掌握常用面漆的喷涂手法;
4. 了解影响面漆颜色效果的因素。

技能目标

1. 能完成相关工具设备材料的使用及维护;
2. 能完成面漆喷涂前的清洁;
3. 能完成单工序面漆的调配及喷涂;
4. 能完成双工序面漆的调配及喷涂。

建议课时

12 课时。

 任务描述

经过前期漆前处理、底漆施工、原子灰施工、中涂底漆施工等处理后的翼子板,其表面已经恢复了原来的平整度(图 7-1),现在请你根据汽车涂装的要求进行规范的面漆施工(图 7-2)。

图 7-1 面漆涂装前的效果

图 7-2 面漆涂装后的效果

一 理论知识准备

1 面漆的作用及要求

面漆即表面的油漆,它是喷涂在整个涂层最外面的一层涂料,是涂层组合中唯一可见的部分,起着装饰、标识和保护底材的作用。

由于面漆直接与各种气候条件(如阳光、雨雪、大气、严寒酷暑等)及有害物质(如工业大气、酸雨、各种化学物质等)接触,又要满足装饰美观的需要,所以相对于底漆和中涂层,面漆有着更严格的要求。一般汽车用面漆要考虑的性能要求见表 7-1。

汽车用面漆的性能要求　　　　表 7-1

项 目	性 能 要 求
外观	涂膜丰满、光滑、平整、色彩鲜艳、光泽醒目、鲜映性好、色差小
力学性能	涂膜应具有良好的附着力、坚韧耐磨、耐冲击、耐弯曲、耐划伤、耐摩擦等
耐候性及耐老化性能	耐候性及耐老化性能是选择面漆时的重要指标之一。如果汽车用面漆的耐候性及耐老化性能不好,则使用不久面漆涂层就会失光、变色及粉化,直接影响汽车的装饰性,新车变成旧车。因此要求涂料能适应各种自然环境及气候环境
耐湿热和防腐蚀性	面漆涂层在湿热条件下,应不起泡、不变色和不失光。对面漆涂层的防腐蚀性要求虽然没有像对底漆涂层那样高,但与底漆涂层配套后,应能增强整个涂膜的防腐蚀性
耐化学药品性	面漆涂层使用过程中,如与蓄电池酸液、润滑油和制动液、汽油及各种清洗剂等直接接触,擦净后接触面不应有变色、起泡或失光等现象
施工性能	汽车制造厂的涂料必须能很好地适应流水线作业,在高温条件下干燥迅速,具有较好的重涂性(即不打磨情况下再涂面漆,结合力良好)和修补性。对装饰性要求高的车辆,还应具有优良的抛光性能。汽车修补用面漆必须与原厂漆相匹配,在低温或自然环境下能较快的干燥,适应手工修补涂装
配套性与成本	选择面漆时,除了要考虑涂料的保护性、装饰性外,还必须要考虑与下面涂层的配套性问题,我们的目的是使用不同的涂层及涂料组合来确保油漆质量最佳化、生产成本最小化

2 面漆的种类及特点

汽车面漆的种类很多,分类方法也很多,常用的分类方法及其特点如下:

(1)按照施工工序可以分为单工序面漆、双工序面漆和三工序面漆。

单工序面漆是指喷涂同一种涂料即形成完整的面漆层的喷涂系统。采用单工序做法的一般是纯色漆,它可以简化涂装工艺,降低成本。

双工序面漆指喷涂两种不同的涂料才能形成完整的面涂层的喷涂系统,通常是先喷涂色漆,然后再喷涂罩光清漆,两种涂层结合在一起才能形成有质量保证的完整的面漆层。可以采用双工序做法的有纯色漆、金属漆及遮盖力较好的珍珠漆,通过罩光清漆可以增强颜色效果,提高光泽。

三工序则更为复杂,如三工序珍珠漆通常是先喷一层打底色漆,然后再喷一层珍珠漆,最后喷罩光清漆,三个涂层结合才能形成完整的面涂层。一般珍珠漆及遮盖力较差的金属漆应该采用三工序方法施工。

(2)按照颜色效果可以分为纯色漆面漆、金属漆面漆和珍珠漆面漆。

纯色漆也称素色漆,是将各种颜色的颜料研磨得非常细小,均匀地分散在树脂基料中而制成的各种颜色的涂料(图7-3)。纯色漆可以制成单工序或双工序的涂料。

金属漆是以金属粉颗粒和普通着色颜料混合加入到树脂基料中而制成(图7-4)。经过金属漆涂装后的工件表面看起来更加晶莹闪亮,而且在不同的角度下,由于光线的折射,整车外观造型看起来更丰富、更有层次感。目前在汽车面漆上大量应用,特别是在轿车面漆中已占主导地位。一般采用双工序施工,对于遮盖力较差的金属漆,也有采用三工序的施工方法的。

珍珠漆是根据天然珍珠的原理,在片状的云母片上加上不同厚度的钛白粉或氧化铁等无机氧化物,制成细薄片状,加入油漆中,当光线照在这些人造珍珠片上时,就可以产生类似珍珠的彩虹效果(图7-5)。珍珠漆一般遮盖力较差,在喷涂之前需要先喷涂一道底色,用来衬托珍珠的颜色效果,所以一般采用三工序的做法。

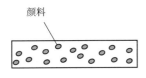

图7-3　纯色漆涂层效果

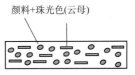

图7-4　金属漆涂层效果　　图7-5　珍珠漆涂层效果

(3)按照主要成膜物质可以分为硝基树脂类面漆、醇酸树脂类面漆、氨基树脂类面漆、丙烯酸树脂类面漆、聚酯聚氨酯类面漆等。

硝基漆是20世纪30年代汽车用面漆的主要品种,它的主要优点是易于施工、表面干燥快、涂膜坚硬耐磨、易于抛光打蜡,便于修补和维护。缺点是耐候性、三防性、耐化学药品性及耐久性差,涂层较薄,溶剂消耗量大、污染严重。现在使用的硝基漆主要是采用合成树脂改良过的品种,在保持硝基漆优点的基础上,显著地提高了涂料的耐候性、保光保色性和固体份等。

醇酸漆是20世纪40~50年代初期主要使用的面漆品种,它的耐候性、机械强度和附着力等性能明显优于硝基漆,但由于其装饰性较差,耐水性差,在湿热的气候条件下易起泡,施工性能较差等原因,目前仅用于保护性装饰性要求不高或无烘干条件的载货汽车的涂装等,对于装饰性保护性要求较高的汽车主要采用的是加入了氨基树脂的改性醇酸漆。

氨基树脂类面漆主要品种为氨基醇酸磁漆,它以氨基树脂和醇酸树脂为主要成膜物质,属热固化型涂料,是一种优质的汽车面漆,一般采用烘烤干燥。它的主要优点是:外观光亮丰满、色彩鲜艳、涂膜坚韧、附着力好、机械强度高,涂膜干后不回黏,耐候性、抗粉化性、抗龟裂性比醇酸涂料好,具有较好的耐水、耐油、耐磨性,具有良好的电器绝缘性等。它的缺点是:氨基醇酸涂料中氨基含量越高,其韧性及附着力越差,所以多采用中等含量(质量比)氨基的氨基醇酸涂料。

丙烯酸树脂类涂料具有优良的耐候性、保光、保色性好,抗紫外线能力强,可耐一般的酸、碱、油、污及沥青等。干燥后的涂膜平整、光滑、坚硬,各项力学性能较好,附着力好,抛光性能好,是一种优良的装饰性涂料。汽车用丙烯酸树脂类面漆主要分为热塑性和热固性两大类,热塑性丙烯酸类涂料具有干燥快、施工方便等特点;热固性丙烯酸类涂料具有优异的丰满度、光泽、硬度,高温烘烤时不变色、不返黄。丙烯酸树脂类涂料已成为当前汽车涂装行业使用的主要涂料品种。

聚酯聚氨酯类面漆涂膜丰满、光泽度高,耐候性好,耐化学品性、耐水性、耐热性性能优良,机械强度高,施工性能好,能常温或低温固化,拥有卓越的耐酸雨性能,同时抗划伤性能性能优于其他任何一种汽车修补涂料,是当前汽车修补涂料中使用较为普遍的涂料,属双组分固化型。

提示:在调色及面漆喷涂前一定要判断清楚原来面漆的类型,采用的是几层工序的做法,在施工时尽量采用与原漆相同的工艺,这样可以使我们修补出来的效果更接近原漆。

❸ 常用面漆的喷涂方法

在喷涂面漆时为了达到不同的颜色及涂层效果,可以通过不同的喷涂方法进行调整,汽车涂装中常见的喷涂方法如下。

1)干喷

干喷指通过不同的喷涂方法使喷涂后的漆面形成较干的涂膜效果的喷涂方法。要达到较干的涂膜效果可以采用以下方法:

(1)选择快干型溶剂。

(2)适当加大喷涂气压。

(3)减少涂料出漆量。

(4)加快喷涂速度。

(5)升高环境温度。

2)湿喷

湿喷指喷涂时涂层达到一定的厚度,形成均匀的、湿润的涂膜层的喷涂方法。要达到湿喷效果,可以采用以下方法:

(1)选择符合喷涂环境使用的固化剂、溶剂类型;

(2)调整好喷涂压力、涂料出漆量,保证喷枪雾化效果最好;

(3）调整好喷枪距离、喷涂速度等。

3）雾喷

雾喷是指喷涂后的涂层较薄，能形成像一层雾状效果的喷涂方法。要达到雾喷效果可以采用以下方法：

(1）减少涂料的出漆量。

(2）加快喷涂速度。

(3）加大喷涂距离。

4）湿碰湿

湿碰湿工艺指的是在连续喷涂时不等上一层涂料完全干燥，只需闪干或表干后，就可以继续喷涂下一层涂料或涂层的方法。采用湿碰湿工艺，能缩短涂层间的等待时间且简化了涂装工序。对于涂层间或不同涂料之间能否采用湿碰湿工艺要根据涂料的说明进行，不可随意喷涂。

5）收边

收边是通过一定的技巧，在新喷涂层与旧涂层的边缘形成颜色过渡效果的一种喷涂方法。收边的具体操作方法是在走枪时不扣死扳机，也就是说，此时的出漆量很小，随着喷枪的移动，逐渐加大供漆量，直至走枪行程将结束时再将扳机放开，从而获得一种特殊的过渡效果的操作。收边也可以通过手腕部甩动，喷枪按月牙形轨迹离开修补表面，利用这种喷枪移动方法，涂层厚度会随喷枪的移开而逐渐变薄，起到过渡的效果（图 7-6）。

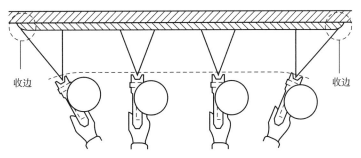

图 7-6　收边的喷涂方法

4 影响面漆颜色效果的因素

由于涂料的颜色跟涂料的厚度和涂料中的颜料颗粒排列有关系，所以在涂装时，特别是手工喷涂操作中，很多因素都会影响涂料的最终颜色效果，见表 7-2。一般而言，深颜色的金属漆受到的影响较少，浅颜色的金属漆受到的影响较大，纯色漆基本上不会受到影响。

影响面漆颜色效果的因素　　　　　　表 7-2

影 响 因 素		颜色较浅	颜色较深
喷涂技术	喷涂速度	快	慢
	喷涂距离	远	近
	涂层间的间隔时间	长	短
	喷涂层数	少	多

续上表

影 响 因 素		颜色较浅	颜色较深
喷枪调节	喷涂气压	高	低
	喷幅调节	宽	窄
	涂料出漆量	少	多
	喷嘴口径	小	大
	空气帽上的雾化孔数量	多	少
施工环境	温度	高	低
	湿度	低	高
	空气对流的速度	快	慢
稀释剂	稀释剂的挥发速度	快	慢
	稀释剂的用量	多	少

从表 7-2 中可以看出,即使是同一罐油漆、同一把喷枪、同一个人,只要在不同的时间喷涂,都有可能会得到不同的效果。这给我们在喷涂时保证颜色的一致性造成困难,但是从另一个方面来讲,也可以转化为优点,那就是施工人员的灵活掌握,利用这些因素的改变从而达到使颜色一致的目的。

二 任务实施

❶ 准备工作

1)主要工具设备的准备

面漆涂装主要用到的工具设备有:喷漆房、空气压缩机及空气分配管道、油水过滤器、喷枪、喷涂支架、调漆比例尺、风枪、毛刷等。

2)主要材料的准备

面漆涂装主要用到的材料有:单工序面漆及配套固化剂、稀释剂;双工序底色漆、罩光清漆及配套固化剂、稀释剂;过滤网、粘尘布、擦拭布、除油剂等。

❷ 面漆喷涂前的清洁

喷涂前的清洁工作将会直接影响喷涂后的涂膜质量,所以在正式进行喷涂前必须做好以下三个方面的清洁工作。

1)喷漆房的清洁

(1)检查喷漆房的换气系统、照明装置是否正常工作。换气系统不正常将会影响正常的抽排风,影响最终的涂膜质量。光线不足不仅会影响喷涂操作,还会影响比较颜色。

(2)检查喷漆房的密封性是否良好。喷漆房在长期使用时容易导致房门边的密封条老化和破损,如果不及时更换处理,会导致灰尘进入,污染喷漆房。同时在喷漆时,漆雾也会从缝隙吹出,污染周围环境。

(3)检查喷漆房的过滤系统是否干净。如果过滤棉较脏,就会在喷涂时产生灰尘。

同时也会对过滤棉产生堵塞作用,影响正常的进气、换气及排气工作,从而对喷涂产生不良的影响。

(4)检查喷漆房内墙体及地面是否干净。如果里面灰尘较多,最好是用吸尘器清洁一遍。

2)工件的清洁

(1)用干净的湿毛巾将翼子板内外擦拭干净。如果翼子板表面较脏或油脂较多,建议用兑过清洁剂的水先擦洗干净。

(2)用压缩空气将翼子板从内至外多吹几遍,吹干表面的水分,同时除去表面的浮尘。

(3)用粘贴胶带和遮蔽纸将工件上不需要喷涂的部位保护起来(图7-7)。

(4)穿戴好合适的劳保防护用品,用除油剂对需要喷涂的表面进行彻底的除油(图7-8)。因为是喷涂面漆前的最后一次除油,所以必须对整个需要喷涂的表面,包括缝隙、边角、夹层等进行彻底的除油,一般建议除油1~2遍。如果除油不彻底,最后都会反映到面漆涂层上,造成涂膜缺陷,严重的会导致整个涂层的返工。

图7-7 贴护

图7-8 除油

(5)使用粘尘布对整个需要喷涂的表面进行粘尘处理。

注意:为了保证喷漆房的清洁和涂装质量,前面第(1)、(2)、(3)步工序要在喷漆房外进行,第(4)、(5)步工序要在喷漆房内进行。

3)施工人员的清洁

(1)更换专门的喷漆服。因为平常穿的工作服上灰尘较大,而且由于静电原因很难清除干净,所以,喷涂时最好换用专门用于喷涂工作时的防静电喷漆服。

(2)用压缩空气将自己从头至尾的吹一遍,以除去身上的浮尘。

❸ 调配单工序面漆

现在常用的汽车修补面漆按照施工工艺一般有单工序和双工序两种做法,两种工序里面使用的是不同类型的涂料,它们的调配方法是不一样的。现在采用单工序做法的面漆一般使用的是双组分型涂料,如双组分的丙烯酸聚氨酯涂料,它的调配方法如下:

(1)穿戴好喷漆专用服、护目镜、供气式面罩、橡胶手套、安全鞋等劳保防护用品(图7-9)。

(2)用搅拌尺将之前调好颜色的涂料搅拌均匀。

(3)按照喷涂的面积所需要的量,将涂料倒入合适的容器或量杯当中。

提示:每次调漆时必须按照用多少调多少的原则进行,杜绝浪费。

(4)查看产品技术说明,按照厂家所给的比例添加适量的固化剂、稀释剂(图7-10)。

图7-9 调配喷涂面漆时的防护

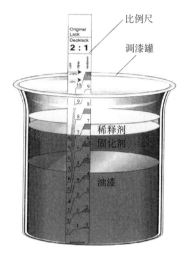

图7-10 涂料比例示意图

表7-3所示是本次使用的某品牌涂料单工序纯色漆的产品技术说明,通过这个表可以看出,单工序双组分纯色漆的调配比例及施工时的各项参数。

单工序双组分纯色漆系统使用说明 表7-3

单工序纯色漆系统施工工艺		
固化剂	可选用的固化剂型号	P210—938(标准)/939(慢干)
	P420-单工序纯色漆系列	2份
	P210-938/939固化剂	1份
	P850-2K稀释剂	5%~15%
	20℃时:DIN4 杯 18~19s 　　　　BSB4 杯 23~25s 混合后使用寿命:3h	
	传统喷枪喷嘴口径: 重力式喷枪:1.3~1.6mm　　吸上式喷枪:1.4~1.8mm 传统喷枪喷涂压力:330~370kPa (50~55 psi)	
	环保喷枪喷嘴口径: 重力式喷枪:1.3~1.6mm　　吸上式喷枪:1.4~1.6mm 环保喷枪喷涂压力:最大为70kPa/10 psi(风帽)	
	2个单层	

续上表

单工序纯色漆系统施工工艺	
固化剂	可选用的固化剂型号　　P210—938(标准)/939(慢干)
	层间闪干约5min,烘烤前无须闪干
	烘烤时金属温度：　　　　　　　　　　20℃时风干： 70℃　　　20min　　　　　　　　　　不粘尘　　　15min 60℃　　　30min　　　　　　　　　　指触于　　　6h 可投入使用：完全冷却后　　　　　　可投入使用　16h

注：P420-单工序纯色漆系列是某品牌涂料调色系统里的纯色漆色母系列，这里特指加了P190-376(2K调和清漆)的单工序双组分类型的纯色漆。

(5) 用搅拌尺对添加好的涂料进行彻底搅拌。

提示：混合均匀后的双组分涂料有一个可以使用的最长时间，在这个时间里面使用可以保证涂料的各项性能，超出这个时间可能会出现涂料变质及涂膜性能下降，这个最长的可以使用时间称为活化期，也称可使用期。如图7-11圆圈部分所示"混合后使用寿命3h"就表示此产品混合后要在3h内施工完毕，超过3h，就算涂料没有固化，也不能再使用。

(6) 根据涂料特点和产品技术说明，选择合适口径的面漆喷枪，如图7-12圆圈部分所示。

一般为了节约涂料，可以选用环保喷枪；小面积修补或单件喷涂可以选用重力式喷枪；大面积喷涂可以选用吸上式喷枪。

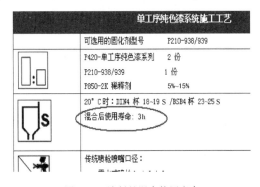

图7-11　涂料的混合使用寿命

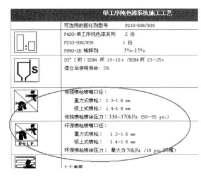

图7-12　喷枪选择及相关技术参数

(7) 用过滤网将调配好的涂料过滤到喷枪里。

如果需要检测及调整黏度，还应在过滤之前做好涂料的黏度调整工作。一般严格按照配方调配的涂料，其黏度可以达到最好的喷涂效果。

4 喷涂单工序面漆

面漆的喷涂根据涂料的特点、喷涂面积大小等因素，喷涂方法各有不同，一般的面漆喷涂方法建议如下：

(1) 穿戴好喷漆专用服、护目镜、供气式面罩、橡胶手套、安全鞋等劳保防护用品。

(2) 连接进气管，并调整好喷枪。

(3) 在喷涂试板上做雾形测试，调整喷枪，确保喷枪雾形及雾化达到最好效果。

(4) 喷涂面漆。单工序面漆的喷涂层数可以根据面漆的固体含量、遮盖力等有所不同，下面以最常见的三层做法为例说明面漆的喷涂方法。

① 第一层雾喷涂（图7-13）。将工件表面从上往下薄薄的雾喷一遍。此次喷涂一定不能过厚，只要达到均匀的薄薄一层，有轻微的光泽即可。

雾喷的目的，一是提高涂料与旧涂膜的亲和力，二是确认有无排斥的现象，防止出现鱼眼、咬底或渗色等涂膜毛病。

第一遍雾喷后，仔细检查涂层，如果涂膜出现了轻微的鱼眼，可以等涂膜稍干之后在鱼眼部位薄薄的雾喷1~2遍盖住鱼眼。如果鱼眼较严重，面积较大或出现的是咬底、渗色等毛病就必须等涂层彻底干燥之后再进行相应的处理。如果涂膜没有出现毛病，可以静置3~5min后进入下一步。

② 第二层湿喷涂（图7-14）。将工件按照先内后外，先边后面，先上后下的顺序正常湿喷涂1遍（图7-15为车身各部件一般的喷涂顺序）。

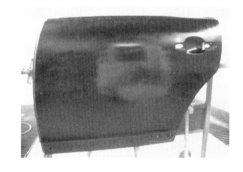

图7-13　第一遍预喷涂

图7-14　第二遍喷涂

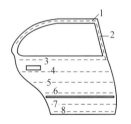

a) 车门的喷涂顺序

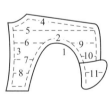

b) 前翼子板的喷涂顺序

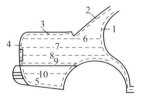

c) 后翼子板的喷涂顺序

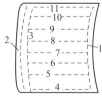

d) 发动机罩的喷涂顺序

图7-15　汽车车身各部件的喷涂顺序示意图

此次喷涂的目的是要基本形成厚度一致、颜色均匀、平整光滑的涂膜，所以要求涂层要达到一定的厚度，既不能太厚，也不能太薄，太厚容易流挂，太薄可能影响遮盖力和最终的涂膜厚度。如果是面漆遮盖力比较差的涂料，正常喷涂第二道之后还有明显的没有盖住底层的情况的，应该在静置5~10min后，再重新喷涂第二遍，确保在此次喷涂时基本上盖住底层。

喷涂过程中除了要注意喷涂的基本操作要领之外,还应该做到边喷边观察,看成膜的效果,适当调整喷枪。

第二层喷涂后,涂膜还比较湿润,涂料还在流平过程中,同时涂料中还存有很多等待挥发的溶剂。所以,后一涂层不能马上施工,应该静置片刻,静置时间视环境温度、涂料品种和厚度等有所不同。在实际施工时我们一般会通过用手指触摸的方法检查涂料的干燥情况,如用手指轻轻触摸车门上不重要位置或车门边缘的胶带,若湿涂膜已不沾手即可喷涂第三层。

③第三层湿喷涂。按照第二层的喷涂顺序及喷涂方法正常湿喷涂一层(图7-16)。

此层喷涂的目的是要达到最终的面漆装饰效果,如涂膜厚度均匀丰满,纹理平整光滑,颜色一致,光泽度高、无流痕、无明显缺陷等。

为了达到雾化更细腻光滑的效果,在喷涂之前可以适当地将涂料黏度调稀一点,将喷涂压力调高一点。最后一层喷涂完后应该马上检查整个

图7-16 第三遍喷涂

涂面的效果,如果存在橘皮较重、涂膜不均匀或漏喷等现象,还可以马上进行回喷补救。

5 调配双工序面漆

双工序涂层是由底色漆层和罩光清漆层所组成的,双工序涂料的调配包含底色漆调配和罩光清漆的调配两个方面。

1)底色漆的调配

(1)穿戴好喷漆专用服、护目镜、供气式面罩、橡胶手套、安全鞋等劳保用品。

(2)将之前调好颜色的涂料用搅拌尺搅拌均匀。

(3)按照喷涂的面积所需要的量,将涂料倒入合适的容器或量杯当中。

(4)按照具体产品的比例添加合适量的稀释剂。

双工序涂层中的底色漆使用的是单组分产品,在施工时直接添加合适量的稀释剂,调整好黏度就可以了。不同品牌及同一品牌不同型号的涂料添加的稀释剂比例有所不同,在施工时要查看具体产品的技术说明。同时在选择稀释剂时要根据施工温度及面积选择合适型号的产品。

如本次使用的某品牌底色漆与稀释剂的比例为1∶1,稀释剂的选择如图7-17圆圈部位所示。

(5)用搅拌尺对添加好的涂料进行彻底搅拌。

(6)根据涂料特点和产品技术说明,选择合适口径的面漆喷枪。

(7)用过滤网将调配好的涂料过滤到喷枪里。

2)罩光清漆的调配

罩光清漆一般使用的也是双组分丙烯酸聚氨酯类型的涂料,所以,它的调配方法和单

```
稀释剂的选择
稀释剂的选择应考虑施工温度、空气流通和修补面积大小等因素。以下推荐仅供参考：
        稀释剂类型                    适用温度范围
   P850-1491  低气温稀释剂              15℃以下
   P850-1492  标准气温稀释剂            15~25℃
   P850-1493  高气温稀释剂              25~35℃
   P850-1494  极炎热气温稀释剂          35℃以上
在空气流通速度快的喷房以及大面积修补时，一般使用较慢干的稀释剂和HVLP喷枪。在空气流通速度慢和小面积修补时，则使用较快干的稀释剂。
```

图7-17 稀释剂的选择

工序双组分涂料的调配方法基本相同。

在调配时，需要注意每种产品都有配套的固化剂及稀释剂，在不确定的情况下，最好不要混用。固化剂与稀释剂要根据施工工艺、施工温度及具体条件来选用。表7-4所示为某品牌的P190-6850清漆施工工艺的技术说明，表7-5所示为某品牌涂料固化剂的使用说明。

清漆使用说明　　　　　　　　　　　　　　　　　　　　　　　　　　　表7-4

P190-6850 2K 极品清漆施工工艺			
	高温工艺	快干工艺	标准工艺
固化剂	P210-845 慢干高固固化剂	P210-842 快干高固固化剂 小-中面积修补	P210-8430/844 标准高固固化剂 各种类型修补
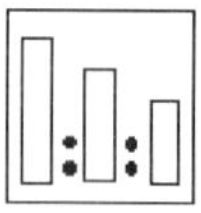	P190-6850　2份 P210-845　1份 P850-2K稀释剂　0~5%	P190-6850　2份 P210-842　1份 P850-2K稀释剂　0~5%	P190-6850　2份 P210-8430/844　1份 P850-2K稀释剂　0~5%
	20℃时： DIN4杯18~20s (23~26s BSB4) 混合后使用寿命：2~4h	20℃时： DIN4杯17~18s (21~24s BSB4) 混合后使用寿命：1.5h	20℃时： DIN4杯17~18s (21~24s BSB4) 混合后使用寿命：2~4h
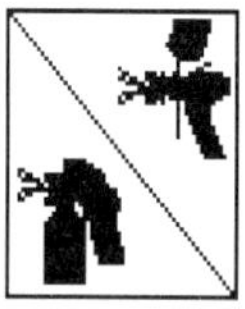	喷嘴： 重力式：1.3~1.6mm 吸上式：1.4~1.8mm 压力：350~400kPa	喷嘴： 重力式：1.3~1.5mm 吸上式：1.4~1.6mm 压力：350~400kPa	喷嘴： 重力式：1.3~1.5mm 吸上式：1.4~1.6mm 压力：350~400kPa
 HVLP	喷嘴： 重力式：1.2~1.4mm 吸上式：1.4~1.6mm 压力：(风帽)最大70kPa/10psi	喷嘴： 重力式：1.2~1.4mm 吸上式：1.4~1.6mm 压力：(风帽)最大70kPa/10psi	喷嘴： 重力式：1.2~1.4mm 吸上式：1.4~1.6mm 压力：(风帽)最大70kPa/10psi

续上表

P190-6850 2K 极品清漆施工工艺			
	高温工艺	快干工艺	标准工艺
	2个单层	2个单层	2个单层
	涂层间闪干 5~10min 烘烤前无须闪干	涂层间闪干 5~10min 烘烤前无须闪干	涂层间闪干 5~10min 烘烤前无须闪干
	金属温度 60℃烘烤 40min, 完全冷却后可使用	金属温度 60℃烘烤 40min, 完全冷却后可使用	金属温度 60℃烘烤 40min, 完全冷却后可使用

固化剂的使用说明　　　　　　　　　　　　　　　　　　　　　　　　表 7-5

施工环境温度	固化剂类型	适用的产品及说明
<15℃	P210-790 2K 超快干固化剂	低气温及板块修补用,可用于 P420 纯色漆,P190-6060 超劲皇牌清漆,P190-538 标准清漆等面漆,适用于气温 15℃以下的板块内修补。不可用于中涂底漆和大面积喷涂
	P210-842 2K 快干高固固化剂	可用于 P565-895 无铬环氧底漆,P565-777 超能免磨底漆,P565-510/511 高固含量厚膜底漆,P420 系列纯色漆,P190-6850 极品清漆等,适用于气温 15℃以下
15~25℃	P210-938 2K 固化剂(中低气温用)	可用于 P565-895 无铬环氧底漆,P565-777 超能免磨底漆,P565-510/511 高固含量厚膜底漆,P565-668 透明底漆,P420 系列纯色漆,P190-6060 超劲皇牌清漆等,适用于低气温 15~25℃
	P210-760 2K 中浓度固化剂	P190-538 标准清漆配套固化剂,适用于气温 15℃以上
20~25℃	P210-8430 2K 高固固化剂(标准快干)	可用于 P565-895 无铬环氧底漆,P565-777 超能免磨底漆,P565-510/511 高固含量厚膜底漆,P420 系列纯色漆,P190-6850 极品清漆等,适用于气温 20~25℃
25~30℃	P210-844 2K 高固固化剂(标准)	可用于 P565-777 超能免磨底漆,P565-510/511 高固含量厚膜底漆,P420 系列纯色漆,P190-6850 极品清漆等,适用于气温 25~30℃
	P210-939 2K 固化剂(高气温用)	可用于 P565-895 无铬环氧底漆,P565-777 超能免磨底漆,P565-510/511 高固含量厚膜底漆,P565-668 透明底漆,P420 系列纯色漆,P190-6060 超劲皇牌清漆等,适用于气温 25℃以上
>30℃	P210-845 2K 高固固化剂(慢干)	可用于 P565-777 超能免磨底漆,P565-510/511 高固含量厚膜底漆,P190-6850 极品清漆等,适用于气温 30℃以上

❻ 喷涂双工序面漆

双工序面漆在喷涂时分为两个部分：一是底色漆的施工；二是罩光清漆的施工。

1）底色漆的喷涂

（1）穿戴好合适的劳保防护用品。

（2）连接进气管，并调整好喷枪。

（3）在喷涂试板上做雾形测试，调整喷枪，确保喷枪雾形及雾化达到最好效果。

（4）喷涂底色漆。底色面漆的喷涂层数也是根据颜色的遮盖能力有所不同，下面以最常见的三层做法为例说明底色面漆的一般喷涂方法。

①第一层雾喷涂（图7-18）。此层雾喷涂可以先将工件上面有中涂底漆的地方、面漆磨穿的地方、颜色与面漆颜色不一致的地方先薄薄的雾喷一次，防止咬底及提高色漆的遮盖力。确定涂层没有问题后，同时涂层没有光泽之后就可喷涂下一层。

对于底材比较好的工件，如固化较好的旧涂层、整块喷涂过中涂底漆的表面，也可以不用雾喷，直接进入下步的湿喷涂工作中。

②第二层中湿喷涂（图7-19）。按照合适的顺序将工件正常均匀的中湿程度喷涂一遍，喷完后要求涂层有一定的湿润性，但是也不能太厚，因为底色漆里面的溶剂含量较多，太厚涂料容易流淌，形成色差及流挂；如果太薄的话，涂层表面容易变粗糙，影响色漆纹理及颜色效果。

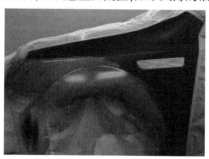
图7-18　第一层喷涂效果

图7-19　第二层喷涂效果

第二层喷涂完之后，也要静置合适的时间，待涂膜表面没有光泽之后再检查涂膜的遮盖效果，如果没有盖住底材，应该按照第二层的方法再将工件整个喷涂1~2遍，直至彻底盖住底层为止。

③第三层干喷涂。按照适当的顺序再将工件均匀的干喷涂一遍，此层喷涂的目的主要是为了消除斑纹，所以要保证涂层干燥之后形成颜色、纹理一致的效果。

第三层也就是最后一层喷涂完成后，等涂层表面完全失光即完成底色漆的喷涂。

2）罩光清漆的喷涂

罩光清漆是喷涂在最后一层的面漆，主要用于保护底色漆、银粉漆、珍珠漆等，可以提高涂膜光泽度，使车体显出饱满、艳丽的色泽。罩光清漆与单工序面漆两者的喷涂方法基本相同，它的一般喷涂的方法如下：

（1）调整好喷枪，确保雾化效果及雾形最好。

（2）用粘尘布轻轻擦拭底色漆，除掉浮在表面的漆尘。

(3)按照合适的顺序、湿喷涂的方法喷涂第一层清漆层。

(4)静置合适的时间,待表面不黏手之后适当调高喷涂压力湿喷涂第二层清漆层。

清漆一般喷涂两层即可,喷涂完成后要求涂膜厚度均匀丰满,纹理平整光滑,颜色一致、光泽度高、无流痕、无明显缺陷等,如图7-2所示。

三 知识与能力拓展

1 新车制造时的面漆施工

面漆涂装决定车身表面涂层的最终效果,新车制造时的车身面漆施工的一般施工步骤如下:

(1)将车身上不需要喷涂面漆或有特殊要求的部位用遮蔽材料保护起来(图7-20)。

(2)用粘尘布将车身表面清洁干净(图7-21)。

(3)采用人工对车身上自动喷涂设备不易喷到的部位进行预涂装(图7-22)。

(4)用自动喷涂设备对车身表面进行面漆的最终喷涂(图7-23)。

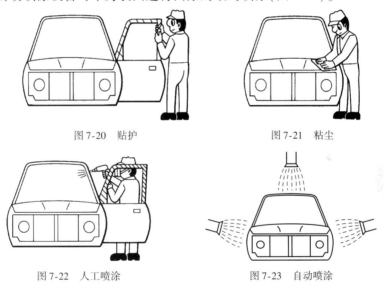

图7-20 贴护　　　　　图7-21 粘尘

图7-22 人工喷涂　　　图7-23 自动喷涂

(5)将喷涂完面漆的车身在室温条件下静置7~10min,以便溶剂挥发(图7-24)。

(6)将车身置于约140℃高温中烘烤20~30min,让面漆完全干燥固化(图7-25)。

(7)对整个车身表面油漆涂层进行质检(图7-26),对有问题的地方进行相应的处理。

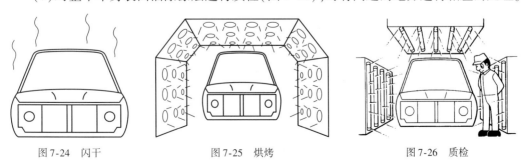

图7-24 闪干　　　　图7-25 烘烤　　　　图7-26 质检

❷ 汽车局部修补涂装

汽车局部修补涂装是指对车身某一部件局部进行的修补涂装。该喷涂方法一般通过驳口,使新喷涂层的颜色、光泽、纹理等形成过渡,让新旧涂层外观基本一致,没有明显差异。汽车局部修补涂装前的清洁除油、前处理、底漆的施工、原子灰的施工、中涂底漆的施工等工序与一般工件的处理步骤基本相同,主要差异体现在面漆喷涂前的打磨及面漆喷涂上。下面以翼子板前端局部修补喷涂为例,说明一般局部修补涂装的方法。

1)面漆喷涂前的打磨及贴护

(1)打磨过渡区域。中涂底漆打磨好之后,将翼子板用喷水壶喷湿,用相当于P1500号砂纸粗细的菜瓜布配合驳口研磨膏,按图7-27所示范围均匀打磨中涂底漆周围的过渡区域的旧涂层,直至没有光泽为止,如图7-28所示。

提示:在确定过渡区域的范围时,既要考虑能将各涂层容纳在过渡区域内,同时又要尽可能地缩小整个涂装范围。一般的白珍珠漆及浅银粉漆的过渡区较大,普通银粉漆次之,纯色漆最小。

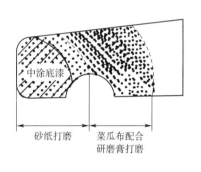

图7-27 打磨范围　　　图7-28 打磨过渡区域

(2)清洁工件。打磨完成,检查没有问题之后,用清水将翼子板表面清洗干净,并吹干。

(3)贴护除油。用遮蔽纸和遮蔽胶带将翼子板周围的工件贴护好,贴护范围及方法如图7-29所示。贴护完成后再次对翼子板进行彻底清洁除油。

2)面漆局部修补时的喷涂

根据涂装涂料的类型不同,面漆的局部修补涂装方法可以分为单工序面漆的局部修补涂装、双工序面漆的局部修补涂装和三工序面漆的局部修补涂装。下面以最常见的单工序素色面漆和双工序金属漆为例,介绍一般的面漆局部修补喷涂方法。

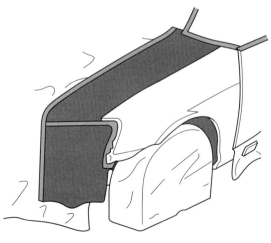

图7-29 翼子板的贴护

(1)单工序面漆的局部修补涂装。单工序面漆工序简单,喷涂次数较少,所以局部修补涂装的工艺也较简单,它是学习局部修补涂装方法的基础。

①根据修补面积的大小,确定需要的涂料份量。在本例中由于修补面积不大,只需要很少的涂料即可,但是涂料太少,会影响调色的准确性,所以调色时一般最少要调配0.1L的量,具体每个颜色配方的最小调配量应参照涂料厂商配方查询系统中的要求。

②按照学习任务6面漆的调色中的相关方法,找出颜色最接近的涂料配方,计算出0.1L中各个色母的质量,在电子秤上进行计量调色。

③将计量调色好的涂料与车身颜色进行对比(图7-30)。如果需要微调的,应该进行微调,并喷涂试板进行比较(图7-31)。由于局部修补能很好地使颜色产生过渡效果,所以当颜色有稍微差异时可以通过喷涂的方法使新旧涂层的颜色看不出来,但是这并不表示在调色时对颜色的准确性无所谓,我们还是应该尽量调得接近一些。

图7-30　颜色对比　　　　　　　　　　图7-31　试板对比

④颜色调配好之后,根据涂料的产品说明选择合适型号的固化剂及稀释剂。固化剂和稀释剂的选择要根据环境温度来决定,但是由于喷涂面积较小,为了能干燥快一点,所以可以适当选择快干一点的产品。

⑤按照产品的说明添加适量的固化剂及稀释剂,并混合均匀。

⑥选择专门用于涂料修补的小修补喷枪,将涂料过滤到喷枪里面。小修补喷枪由于所用气压较小,能将涂料雾化控制在一个很小的范围,所以在局部修补涂装时比普通喷枪,特别是传统高气压喷枪能更好地控制修补涂装的面积。

⑦调整好喷枪,进行面漆喷涂。单工序纯色面漆的一般喷涂方法如下。

a. 先中等湿度的喷涂第一遍面漆,喷涂范围比中涂底漆区域略大(图7-32),在中涂底漆边缘部位采用弧形手法进行过渡,使靠近边缘的面漆比里面的涂层要薄。

b. 然后按正常厚度喷涂第二遍面漆,盖住底层,保证颜色均匀一致,喷涂范围比第一遍面漆稍大,边缘部位同样采用弧形手法进行过渡。

c. 再用驳口溶剂按1∶1的比例与喷枪里面的涂料进行混合(混合比例要参考具体产品的说明),然后采用弧形喷涂手法,在第二遍面漆上面再湿喷一遍,形成最终的纹理、颜色及过渡效果。第三遍喷涂的面积也应该比第二遍稍大,但是范围不允许超出驳口准备区。

d. 清洗喷枪,用纯驳口溶剂在第三遍面漆的边缘轻喷1~2遍(图7-33),以用来溶解边缘较粗的涂料颗粒。

注意:因为纯驳口溶剂黏度比较稀,喷涂时不宜过厚,否则容易流挂。

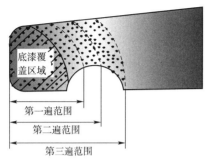

图7-32　各层喷涂范围　　　　图7-33　驳口过渡范围

(2) 双工序面漆的局部修补涂装。由于双工序面漆有两个涂层,金属漆的颜色效果又与很多因素有关,所以双工序面漆的局部修补涂装要比单工序面漆的局部修补涂装难得多。但是我们现在的汽车大部分采用的是双工序的金属漆,所以双工序面漆的局部修补涂装工艺是一个合格的涂装工必须掌握的技能。双工序金属面漆的一般局部修补涂装方法如下:

①调配颜色。根据修补面积的大小,确定底色漆的用量,采用计量调色和人工微调的方法将颜色调配准确。

②调配涂料。根据涂料的产品说明,选择合适的固化剂、稀释剂类型,确定混合比,调出底色漆及清漆。

③调整喷枪。将底色漆过滤到喷枪之后,调整喷枪的出漆量、扇幅宽度、喷涂气压等参数。一般喷涂色漆时用的气压比单工序面漆和清漆喷涂的气压要略低。

④喷涂已调配好的金属(银粉)底色漆。

a. 喷涂第一遍底色漆。第一遍底色漆喷涂面积比中涂底漆稍宽,涂层边缘采用弧形喷涂手法,薄薄地喷涂一层,增强涂层间的亲和力,防止出现咬底、走珠等缺陷。

b. 喷涂第二遍底色漆。第二遍底色漆比第一遍色漆范围稍宽,正常喷涂,以盖住底层颜色,同时在涂层边缘要采用弧形喷涂手法,让边缘颜色形成过渡效果。如果此遍喷涂完后还没有完全盖住底材,可以等涂层干燥之后再用相同方法喷涂1~2遍,以保证盖住底层颜色为标准。

c. 喷涂第三遍底色漆。用1:2的比例混合驳口溶剂和喷枪里面的色漆(混合比例要参考具体产品的说明),采用弧形喷涂手法,薄薄的雾喷1~2遍,以消除金属斑纹并调整金属感,让颜色形成自然过渡。最后喷涂的范围一定要控制在打磨区域内,如图7-34所示。

⑤喷涂已混合好的清漆。清漆一般喷涂两遍即可,第一遍喷涂以有光泽为准,涂层要薄,不能太厚,否则会影响颜色效果,喷涂范围以能盖住金属底色漆为准;第二遍稍厚一

些,以形成最终较佳的光泽、纹理,涂层边缘采用弧形喷涂手法,喷涂范围比第一遍要大,如图7-35所示。

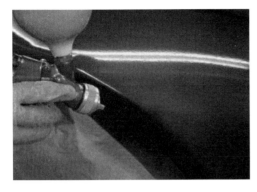

图7-34 喷涂底色漆

图7-35 喷涂清漆

⑥驳口过渡处理。先将喷枪里面的清漆1∶1混合驳口溶剂,在清漆层与驳口处做渐变(图7-36)。再将喷枪清洗干净后,注入纯驳口溶剂扩大驳口渐变位置。每一次喷涂时都要适当地调整喷枪的气压和喷幅,使之逐渐变小,以达到喷雾逐渐变淡的目的,有时还要根据适当情况改变出漆量。

进行双工序底色漆(主要是金属银粉漆)局部修补涂装应注意以下几点:

①底色漆的喷涂面积及方向,如图7-37所示。底色漆的喷涂区域面积应尽量小,但也必须同时保证底色漆的有效过渡,并没有明显的断接面和色差。控制底色漆的喷涂方向有利于控制修补面积,使银粉不超过驳口区域,达到缩小局部修补范围的目的。

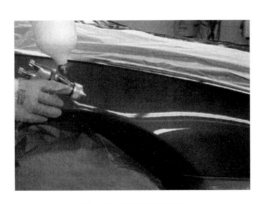

图7-36 清漆驳口处理

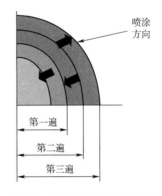

图7-37 底色漆的喷涂面积及方向

②清漆及驳口溶剂的喷涂面积和方向。清漆喷涂的面积应该要能把底色漆完全盖住,喷涂时的方向朝内(图7-38),这样可以控制整个涂层的面积。喷涂驳口溶剂时方向朝外,让涂膜形成一个由厚到薄的过渡(图7-39)。

③喷涂各层涂料时,涂层边缘一定要形成一个由厚及薄的过渡。这样才能最终与周围未修补的区域相融合。

④双工序金属漆的颜色效果与涂层干燥程度有关,所以底色漆在喷涂时一定要每层充分闪干。

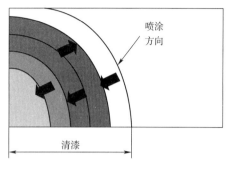

图7-38 清漆的喷涂面积及方向

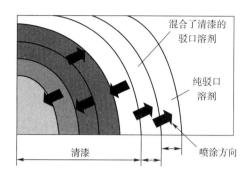

图7-39 驳口溶剂的喷涂面积及方向

⑤喷涂双工序金属(银粉)漆时,应避免形成"黑圈"。产生"黑圈"现象是喷涂银粉底色漆时需要特别注意的一个问题,即在修补部位与未修补部位的结合处出现一圈颜色较深的痕迹,使修补区域非常的明显。

黑圈的产生主要是由于修补部位通常喷得比较湿,银粉颗粒排列比较有序,而涂层边缘部位由于是采用弧形喷涂,涂料比较干燥,银粉颗粒不能很好地排列,在光线折射下会显得颜色有明显的差异。"黑圈"现象可以采用以下方法进行消除:

方法一,在喷涂银粉底色漆以前,先取少量调配好的清漆加入9倍的清漆稀释剂混合搅匀后薄喷一遍在整个打磨区域内,这样可以使被修补区域形成一层湿润无色的底,然后再进行银粉底色漆的喷涂修补。因为清漆干燥得比较慢,修补区域边缘飞溅的银粉颗粒可以在比较湿的环境下得到充分的排列,即可消除黑圈现象。

方法二,采用专用的驳口清漆,按要求调配好后直接喷涂,喷涂方法同上。

方法三,可先喷涂加入稀释剂的平衡银粉树脂,喷涂方法同上。

方法四,也可以用挑枪的方法来实现,但需要一定的技巧和经验。

颜色越浅的银粉越难处理驳口,修补之前喷涂驳口清漆,这样可以大大改善银粉驳口边缘产生"黑圈"的现象。

四 评价与反馈

1 自我评价

1)理论知识掌握情况

(1)面漆的作用是什么?汽车用面漆有什么要求?

(2)常用汽车面漆的种类有哪些?各有什么特点?

项目三 汽车面漆的涂装

(3)常用的面漆喷涂方法有哪些?

2)实践技能掌握情况

(1)劳保防护用品的选择。请根据表7-6所示内容,在相应的防护用品下面打"√"。

汽车面漆施工中的劳动保护　　　　　　　　　　　　　　表7-6

工序	推荐的涂装工防护用品									
清洁										
除油										
准备涂料										
面漆喷涂										

(2)汽车面漆施工的规范工艺流程。请根据本节所学知识,完成表7-7所示内容。

汽车面漆的施工工艺流程　　　　　　　　　　　　　　表7-7

序号	主要操作步骤	所需要的工具、设备及材料	技术或质量要求

(3)请对本学习任务的学习内容及学习效果进行总结。

签名:＿＿＿＿＿＿　　＿＿年＿月＿日

2 小组评价

根据表7-8的评价项目对小组的任务实施情况做出评价。

小组评价情况表　　　　　　　　　　　　　　表7-8

序　号	评价项目	评价情况
1	着装是否符合要求	
2	是否能合理规范地使用仪器和设备	

续上表

序　号	评价项目	评价情况
3	是否按照安全和规范的流程操作	
4	是否遵守学习、实训场地的规章制度	
5	是否能保持学习、实训场地整洁	
6	团结协作情况	

参与评价的同学签名：_____　　___年_月_日

3 教师评价

教师签名：_____　　___年_月_日

五　技能考核标准

汽车面漆的施工技能考核标准表见表7-9。

汽车面漆的施工技能考核标准表　　　表7-9

序号	项　目	规定分	评　分　标　准	得分
1	单工序面漆的调配及喷涂	45分	未正确穿戴防护用品扣1分/次	
			未清洁喷漆房扣1分，未清洁工件扣2分，未清洁自身扣1分	
			涂料未搅拌均匀扣2分/次，比例不正确扣5分/次	
			未过滤调配好的涂料扣1分/次，未正确调整喷枪扣5分/次	
			未粘尘扣1分/次，喷涂顺序不正确扣3分/次，喷涂层数及厚度不合理扣5分/项，闪干不充分扣2分/次	
			流挂、橘皮、露底扣1～5分/处（视情况而定）	
			涂料用量估算过多扣2分，工具设备材料未及时清理扣2分/次	
2	双工序面漆的调配及喷涂	55分	未正确穿戴防护用品扣1分/次	
			未清洁喷漆房扣1分，未清洁工件扣2分，未清洁自身扣1分	
			涂料未搅拌均匀扣2分/次，比例不正确扣5分/次，未过滤扣1分/次	
			未正确调整喷枪扣5分/次，未正确粘尘扣1分/次	
			底色漆喷涂：喷涂顺序不正确扣2分/次，喷涂层数及厚度不合理扣5分/项，闪干不充分扣1分/次	
			清漆喷涂：喷涂顺序不正确扣2分/次，喷涂层数及厚度不合理扣5分/项，闪干不充分扣1分/次	
			颜色发花、起云、露底、流挂、橘皮扣2～6分/处（视情况而定）	
			油漆用量估算过多扣2分，工具设备材料未及时清理扣2分/次	
总分		100分		

项目三 汽车面漆的涂装

学习任务8 汽车面漆的修整

学习目标

★ 知识目标

1. 明确汽车车身涂层的质量要求；
2. 了解常见涂装缺陷的原因与处理方法；
3. 掌握汽车抛光打蜡的作用。

★ 技能目标

1. 能完成相关工具设备材料的使用及维护；
2. 能完成面漆抛光前的干燥及打磨；
3. 能完成面漆的抛光打蜡。

建议课时

6课时。

任务描述

经过面漆涂装后的翼子板，涂膜表面出现了流挂、麻点、橘皮等缺陷（图8-1），影响了面漆的装饰和保护效果。请你按照面漆涂层的质量要求，对翼子板表面进行规范的面漆修整处理（图8-2）。

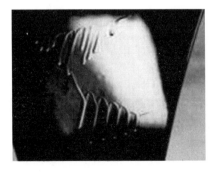
图8-1 面漆修整前的效果

图8-2 面漆修整后的效果

一 理论知识准备

1 汽车车身涂层质量要求

我国地域辽阔,气候环境条件差异较大,对机动车的要求各不相同。各种汽车对涂层的质量要求也不尽相同,行业标准《汽车油漆涂层》(QC/T 484—1999)中对各种车型和各个部件的涂层要求都有明确的规定。此标准将汽车涂层分10个组和若干等级。分组依据主要是根据汽车零部件的功能不同,而对涂层的要求不同,下面以轿车车身组为例说明涂层质量要求。

轿车车身组共有甲、乙两个等级,甲等级质量要求如下:

(1)涂层特性。甲等级为高级装饰性涂层,适用于高级轿车、车身覆盖件和装饰性要求高的中级轿车车身。要求涂层具有极优良的装饰性、耐候性和耐水性,适用于各种气候条件。

(2)涂层的主要质量指标。

①涂膜外观。光滑平整,应无颗粒,光亮如镜,光泽不低于90%。

②涂层厚度。底漆层不低于20μm,中间涂层应在40~50μm(不包括原子灰层),面漆层在60~80μm。

③机械强度(不包括原子灰层):冲击≥20kg·cm;弹性≤10mm;硬度≥0.6;附着力1级。

④耐腐蚀性。按盐雾试验法700h合格;或使用8年不应产生穿孔腐蚀或因锈蚀产生结构损坏。

⑤耐水性。浸在50℃水中10个循环允许变粗,但不应起泡。

⑥耐温变性。在+60~-40℃内使用稳定(即温变10个周期不应开裂)。

⑦耐候性。使用4年涂层仍完整(不起泡、不粉化、不生锈、不开裂),允许失光率不大于30%和明显变色。

乙等级质量标准如下:

(1)涂层特性。属于优质装饰保护性涂层,具有优良的装饰性、耐候性和耐水性,装饰性仅低于甲级,机械强度优于甲级,适用于各种气候条件。适用于中级轿车车身和质量要求高的中、轻型载货、汽车驾驶室及覆盖件,旅游车车身。

(2)涂层的主要质量指标。

①涂膜外观:光滑平整,允许有极轻微"橘皮",光泽均匀,光泽不应低于90%。在外观表面不允许有颗粒。

②涂层厚度:底漆层不低于20μm,中间涂层不低于30μm,面漆层不低于40μm。

③机械强度(不包括原子灰层):冲击≥30kg·cm;弹性≤5mm;硬度≥0.6;附着力1级。

④耐候性、耐腐蚀性、耐水性,等同甲等级。

国家标准是对汽车油漆涂层质量的基本要求,一般各大汽车制造厂商为了提高本厂的产品竞争力,都会制定更加严格的涂层质量标准,在汽车制造和维修时都必须要达到或高于此标准。

2 常见涂装缺陷的原因与处理

在涂装工作中,涂料或漆面会产生各种涂膜缺陷,它们一般与涂料的性质、底材的表面处理、涂料选用、涂装工艺、涂装设备、涂装环境、涂装技术等因素有关。在工作中只有严格按照规范的储存保管要求及施工工艺来进行操作,才能预防和避免出现各种问题,而一旦出现问题,要及时分析原因,制定合理的补救措施。涂料和涂膜缺陷的种类很多,产生的原因及预防、处理方法也不一样,常见的涂料及涂膜缺陷如下。

1)增稠、肝化、结块、干固

(1)现象:罐内涂料在储运过程中变浓厚,黏度增高,超过技术条件规定的原涂料许可黏度上限的现象称为增稠(图8-3)。增稠严重时,涂料呈豆腐脑状或块状的现象称为肝化、结块或干固。

(2)可能产生的原因:

①涂料容器密封不严或其未装满桶,造成溶剂挥发,使涂料的黏度上升、增稠。

②空气中的氧气促进漆基氧化和聚合,使涂料胶凝。

③运输过程中遇到高温或储存场所温度过高。

④储存期过长,漆基的活性基团发生反应,引起黏度上升。

(3)预防的方法:

①保证涂料罐盖紧,确保密封,隔绝空气,容器中的涂料应装满。

②存放在阴凉的场所。

③尽可能缩短储运期,尤其是活性基团多的高档合成树脂涂料,不宜长期储存。

④涂料厂需改进配方,克服涂料在储运过程中颜料和基料之间的化学反应。

(4)处理的方法:增稠的涂料再加入稀释剂后通常可再度使用。而对肝化、结块或干固的涂料,因肝化、结块或干固不可逆,所以只能报废。

2)沉淀、沉积、结块

(1)现象:涂料在储运过程中产生沉淀,经搅拌之后,能完全分散开,涂料细度也合格的为沉淀(图8-4);如果沉淀结块搅拌不起来,不能再完全分散的属于沉积和结块。

(2)可能产生的原因:

①涂料中所含的颜料或体质颜料磨得不细、分散不良、所占比重大等。

②颜料与漆基发生反应或相互吸附,生成固态沉淀物。

③储存时间过长,尤其是长期静放的涂料。

④颜料粒子处于不稳定状态结块。

(3)预防的方法:

①在设计配方时注意颜料与漆基的适应性。

②减少库存,缩短储存时间,存货先用。

③存放在阴凉的地方。

④要定期倒转漆罐。

⑤不要储存稀释过的漆料。稀释过的涂料黏度较低,比原漆更容易沉淀。

(4)处理的方法:若使用前能搅拌分散开,且涂料细度检查合格的,则可以继续使用。若出现沉淀结块搅拌不起来、不能再分散,或分散之后涂料细度不合格的就只能报废。

3)结皮

(1)现象:涂料在储运过程中与空气接触的涂料表面氧化固化的现象称为结皮(图8-5)。自干型涂料和氧化固化型涂料最容易产生结皮。

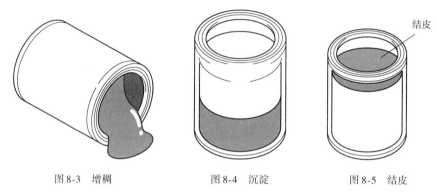

图8-3　增稠　　　　图8-4　沉淀　　　　图8-5　结皮

(2)可能产生的原因:

①表面干料添加过多或用桐油制的涂料易结皮。

②容器不密封或桶内未装满,使涂料面与空气接触。

③储存场所温度过高或有阳光照射。

④储存期过长。

(3)预防的方法:

①涂料中不预先加入促进表面干燥的干燥剂,在使用时按比例加入。

②容器内应尽量装满并密封好。

③加入防结皮剂。

④缩短涂料的储存期。

(4)处理的方法:已经结了皮的涂料则应除掉,剩下的搅拌并过滤后才可使用。

4)渗色

(1)现象:下面涂层的颜色渗入到新喷涂层而导致颜色发生改变的现象。

(2)可能产生的原因:

①被修补表面(底层)被有渗色倾向颜色的涂料所污染(如落上漆雾)。

②设备未清洗干净。

③底涂层涂料中的颜料被上层涂料中的溶剂溶解发生渗透。

④聚酯涂料中的过量氧化物被溶剂溶解,发生穿透性渗色。

(3)预防的方法:

①不要让易产生渗色的颜色的漆雾落在要涂装的漆面上。

②彻底清洗所有设备。

③先选择一小块地方进行试喷,如有渗色现象,用防渗透封闭底涂层进行封固。

④尽量采用与面漆配套的中涂层。

⑤原子灰使用的固化剂不应过量。

(4)处理的方法:打磨掉原涂膜,喷涂封闭底涂将原涂膜封闭,然后重新喷涂面漆。

5)鱼眼

(1)现象:涂膜表面形成像火山口一样的空洞或凹痕的现象(图8-6)。

(2)可能产生的原因:

①喷漆环境中或基材表面上存在含硅的有机化合物。

②其他污染源,如油脂、洗涤剂、尘土、蜡等。

③底漆中含有不匹配的成分。

④压缩空气管线中会有水、油等。

⑤喷漆室内蒸气饱和。

(3)预防的方法:

①用除蜡脱脂剂彻底清洁基材表面,禁止在喷漆室内使用含硅类的抛光剂。

②底漆或中涂底漆层与面漆层一定要匹配。

③添加鱼眼防止剂。

④每日对压缩空气管线进行清洁。

(4)处理的方法:将缺陷区域的涂膜彻底清除,按要求处理基材表面,重新喷漆。必要时,还需要在油漆中使用抗鱼眼添加剂。

6)颗粒、尘点

(1)现象:涂膜中的凸起物呈颗粒状分布在整个或局部表面上的现象。由混入涂料中的异物或涂料变质而引起的疙瘩称为颗粒;金属闪光涂料中铝粉在涂面造成的凸起异物称为金属颗粒;在涂装时或刚涂装完的湿涂膜上附着的灰尘或异物称为尘点(图8-7)。

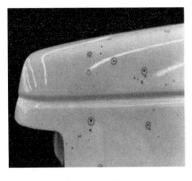

图8-6 鱼眼

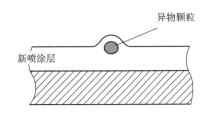

图8-7 尘点

(2)可能产生的原因:

①涂装环境中的空气清洁度差。

②被涂物表面不干净,在喷涂前未用黏性纱布擦净。

③喷涂尘屑积存于喷漆室内的表面上。
④车辆缝隙、沟槽之灰尘未吹净。
⑤压缩空气未过滤或过滤不当。
⑥涂料罐未盖紧使灰尘进入,使用锈或脏的容器装漆料和稀释剂,在使用前未经过滤。
⑦涂装场地的水泥或其他会产生灰尘的地面未曾封固或未予以润湿;在喷涂区域内进行干打磨、研磨、抛光等;使用品质不佳的遮护纸,如报纸等。
⑧涂料变质,如漆基析出或反粗,颜料分散不佳或产生凝聚,有机颜料析出,闪光色漆中铝粉分散不良等。
⑨操作人员带来的灰尘,如工作服上的灰尘,污土及纤维。
(3)预防的方法:
①确保工作环境的干净。对涂装场地、涂装设备及过滤系统进行定期的清理。
②确保工件的干净。在喷涂前确保工件表面及内部没有灰尘颗粒。
③严把涂料的质量关,使用前必须过滤。
④不让新喷涂的涂膜暴露在任何可以导致脏污的环境中。
⑤穿着干净的专业喷漆服。
⑥不使用过期涂料。
(4)处理的方法:
①缺陷较轻的等涂料完全干透之后先打磨平整,再通过抛光打磨使光泽重现。
②粒子深陷的,应整平并重喷。

7)流挂

(1)现象:涂膜局部变厚,形状如同波浪线、浅滩或圆形的山脊,通常出现在倾斜角度大或竖直的表面上(图8-8)。

(2)可能产生的原因:
①喷涂操作不当,喷枪距喷涂面太近,移动太慢,一次喷涂得过厚。
②喷枪设定不当,出漆量较大、喷幅较窄、喷涂气压过低等。
③所用稀释剂与涂料不配套,挥发过慢或使用防潮剂过量,涂料黏度过低。
④喷涂环境不佳,缺乏适当的空气流动和温度。环境温度过低或周围空气中溶剂蒸气含量过高。
⑤涂层间隔干燥时间不足。
⑥喷涂不均匀,厚处表干慢,如其下部薄极易形成流挂。
⑦涂料喷涂于被污染或有油污的表面上,或光滑的旧涂膜上,也易发生垂流。

(3)预防的方法:
①应用正确的喷涂技术。
②正确设定喷枪,检查喷枪以确保其功能正常。
③检查涂料的黏度及喷涂气压。
④提高喷气室的温度,确保风速正常。

⑤使用正确的稀释剂。

⑥在喷涂前确保被涂表面彻底清洁,光滑的漆面应进行适当粗化。

(4)处理的方法:等涂膜完全干透后,除掉凸起点,将表面磨平,然后抛光,情况严重时,可以将表面磨平后重新喷漆。

8)橘皮

(1)现象:涂膜表面呈疙瘩状、不平整,类似橘子皮的外观(图8-9)。

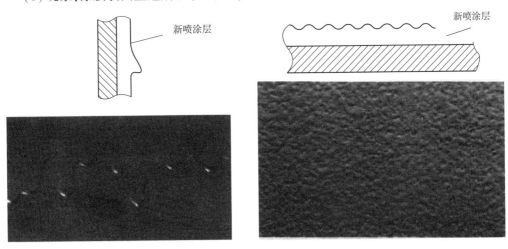

图8-8　流挂　　　　　　　　　图8-9　橘皮

(2)可能产生的原因:

①涂料的黏度太高,流平性差,稀释剂选用不当。

②喷涂技术不良,喷涂距离太远或太近;涂层喷得过厚或过薄。

③喷涂气压低,出漆量过大和喷涂工具不佳,导致漆料雾化不良。

④被涂物和空气的温度偏高,喷漆室内风速过大,稀释剂挥发太快。

⑤晾干时间偏短。

(3)预防的方法:

①选用合适的溶剂,添加流平剂或挥发较慢的高沸点有机溶剂,确保黏度的正确,以改善涂料的流平性。

②调整喷涂气压与出漆量、喷涂距离与走枪速度。选用雾化性能良好的喷枪,使涂料达到良好的雾化。

③一次喷涂到规定厚度(宜控制到不流挂的限度)。适当延长晾干时间,不宜过早进入高温烘干。

④被涂物温度应冷却到50℃以下,喷涂室内气温应维持在20℃左右。

(4)处理的方法:橘皮缺陷较轻微的可以先用砂纸打磨平整,再通过抛光打蜡恢复表面光泽;橘皮情况较严重的,用砂纸打磨平整之后重新喷漆。

9)咬底、起皱

(1)现象:涂膜表面隆起或起皱,严重程度不同,常见于羽状边缘周围,下面的涂层可能破裂至最外层(图8-10)。

(2)可能产生的原因:

①涂层未干透就涂下一道涂料。

②涂料不配套、底涂层的耐溶剂性差或面漆含有能溶胀底涂层的强溶剂。

③涂层涂得太厚。

(3)预防的方法:

①底涂层干透后再涂面漆。

②改变涂料体系,另选用合适的底漆。

③在容易产生咬底的配套涂层场合,应先在底涂层上进行雾喷。

(4)处理的方法:将缺陷区域的涂膜打磨掉,喷涂封闭底漆后重新喷漆。缺陷特别严重时则需要将有问题的涂层全部打磨掉,然后重新喷漆。

10)气泡

(1)现象:涂膜表面呈泡状鼓起,或在涂膜中有产生气泡的现象。

(2)可能产生的原因:

①溶剂挥发快,涂料的黏度偏高。

②涂层烘干时加热过急,晾干时间过短。

③底材、底涂层或被涂面含有溶剂、水分或气体。

④搅拌混入涂料的气体未释放完全就涂装,或在涂装时涂层混入空气。

(3)预防的方法:

①使用指定稀释剂,黏度应按涂装方法选择,不宜偏高。

②按规定的时间晾干,涂层烘干时升温不宜过急。

③底材、底涂层或被涂面应干燥清洁,不含有溶剂、水分和气体。

④待涂料中的气泡释放尽后再涂装。

(4)处理的方法:可将气泡区域打磨掉,露出完好的涂层后,再重新喷漆。

11)针孔

(1)现象:涂膜上出现众多细小孔洞,通常其直径小于1mm,常见于填眼灰、原子灰或玻璃钢表面(图8-11)。

图8-10 咬底起皱

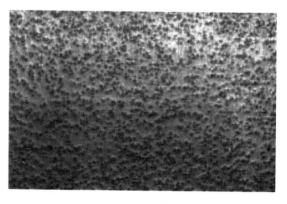

图8-11 针孔

(2)可能产生的原因:
①玻璃钢表面有气孔。
②基材表面处理或封闭不当。
③原子灰或填眼灰质量太差。
④原子灰混合不均匀,又或者是原子灰或填眼灰的施工方法不正确。
⑤不当的喷枪调整或喷漆技术使涂层过湿,或喷枪距离被涂物面过近,使夹杂的空气或过量溶剂挥发产生针孔。
⑥用喷枪快速干燥涂膜。

(3)预防的方法:
①喷漆前将基材的温度升高至高于喷涂温度,以排除基材气孔中的空气。为了防止发生变形,基材表面的温度不得超过80℃。
②仔细检查玻璃钢表面,用原子灰或填眼灰填补基材表面上的针孔,再用中涂底漆进行封闭。
③使用配套的材料。
④原子灰要调配均匀,分多次施工,每层要薄而均匀。每次要充分硬化后再涂新的一层或进行最后的打磨处理。
⑤清洁压缩空气系统。
⑥正确调整喷枪。
⑦留有足够的闪干时间,不要强制干燥。
⑧喷涂的涂膜不能过湿或过厚。

(4)处理的方法:对轻微针孔通过打磨和抛光处理可以消除;对于较严重的针孔,将涂膜磨至底涂层,填补针孔,喷涂底漆,打磨平滑后,重新喷涂面漆。

12)光泽不良、光泽低
(1)现象:涂膜表面虽平整光滑,但缺少光泽(图8-12),在显微镜下观察涂膜表面粗糙。

(2)可能产生的原因:
①底涂层涂料未彻底固化就在其上喷涂了面漆。
②使用的稀释剂质量太差或型号不对,或使用了不配套的添加剂。
③涂料调配或喷涂方法不当。
④基材表面质量太差。
⑤由于湿度太大或温度太低,涂层干燥速度太慢。
⑥溶剂蒸气或汽车尾气侵入了涂膜表面。
⑦涂膜表面受到蜡、油、水等的污染。
⑧在新喷涂的涂膜上使用了太强的洗涤剂或清洁剂,或喷完面漆后过早地进行抛光,或使用的抛光蜡太粗。

(3)预防的方法:
①使用合格的底漆,要等底涂层充分干燥后再在上面喷面漆。

②只使用推荐的稀释剂和添加剂。
③要充分搅拌涂料,保证喷漆环境符合要求,按正确的方法进行喷涂。
④彻底地清理基材表面。
⑤保证涂膜在温暖干燥的条件下进行干燥。
⑥禁止在新喷涂的涂膜表面使用强力洗涤剂,在涂膜未充分固化之前不得对其进行抛光,抛光时一定要使用规格正确的抛光蜡。

(4)处理的方法:通常用粗蜡研磨表面然后进行抛光,即可恢复正常的光泽。如果失光严重,用以上方法仍得不到满意的效果,应将面漆层磨平,然后重新喷漆。

13)遮盖不良、露底

(1)现象:因涂得薄或涂料遮盖力差未盖住底面(底色)的现象称为盖底不良,由于漏涂而使被涂面未涂上涂料的现象称为露底(图8-13)。

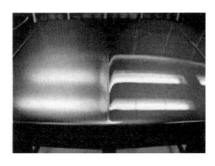 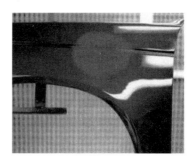

图8-12　光泽低　　　　　　　　图8-13　遮盖不良

(2)可能产生的原因:
①所用涂料的遮盖力差或涂料在使用前未搅拌均匀。
②涂料的施工黏度偏低,涂得过薄。
③喷涂不仔细或被涂物外形复杂,发生漏涂现象。
④底漆、面漆的色差太大,如在深色漆面上涂亮度高的浅色涂料。

(3)预防的方法:
①选用遮盖力强的涂料,增加涂层厚度或增加喷涂道数,涂料在使用前和涂装过程中应充分搅拌。
②适当提高涂料的施工黏度或选用固体分高的涂料,每道涂装应达到规定的喷涂厚度。
③提高喷涂操作的熟练程度,谨慎操作。
④底涂层的颜色尽可能与面漆颜色接近。

(4)处理的方法:将缺陷区域打磨平,然后重新喷漆。

14)色不匀、色发花

(1)现象:涂膜的颜色局部不均匀,出现斑印、条纹和色相杂乱的现象(图8-14)。

(2)可能产生的原因:
①涂料中的颜料分散不良或两种以上的色漆相互混合时混合不充分。

②所用溶剂的溶解力不足或施工黏度不适当。
③涂得太厚,使涂膜中的颜料产生里表对流。
④在涂装场所附近有能与涂膜发生作用的气体(如氨气、二氧化硫等)。
(3)预防的方法:
①选用分散性和互溶性良好的颜料。
②选择适当的溶剂,采用符合工艺要求的涂装黏度和膜厚。
③调配复色漆时使用同一类型的涂料,最好用同一厂家生产的同一类型涂料。
(4)处理的方法:将缺陷区域打磨平,然后重新喷漆。
15)砂纸痕
(1)现象:透过面漆会出现打磨的痕迹,线砂痕、打磨痕等(图8-15)。

图8-14 色不匀、发花　　图8-15 砂纸痕

(2)可能产生的原因:
①底漆表面的处理不当,打磨砂纸过粗或打磨砂纸跳号。
②底漆没有充分硬化就喷涂了色漆层。
③涂膜厚度不够,或干燥速度太慢。
④涂料混合不均匀,使用的稀释剂型号不对或质量太差,特别是缓干剂、白化水等使用不当。
(3)预防的方法:
①对所用面漆依序使用适当的砂纸型号。
②视情况用封底漆消除擦痕扩大,选择适合于喷漆房条件的稀料。
③不要将底漆喷涂过厚,要确认完全干燥后再喷面漆。
④使用匹配的漆料系统。
(4)处理的方法:打磨到平滑表面,喷涂适合的底漆,进行面漆重喷。
16)原子灰印痕
(1)现象:涂膜上出现一片外观、光泽不同、有清晰的边界或轮廓线的地图状区域(图8-16)。
(2)可能产生的原因:
①刮原子灰部位打磨不好。
②刮原子灰部位未喷涂封底漆,原子灰层的吸漆量大。

③所用原子灰的收缩性大,固化后继续变形。

(3)预防的方法:

①对刮原子灰部位应充分打磨,边缘应平滑。

②在刮原子灰部位涂封闭底漆或先喷涂一道面漆以封固边缘。

③选用收缩性小的原子灰。如硝基原子灰收缩性大,只适宜于填平砂眼、划痕之类缺陷。

(4)处理的方法:将缺陷区域的涂膜打磨至完整平滑的表面,必要时重新做原子灰,喷涂双组分底漆进行封闭。

17)起雾、发白

(1)现象:涂装过程中和刚涂装完毕的涂层表面呈乳白色,产生似云那样的变白失光现象(图8-17)。

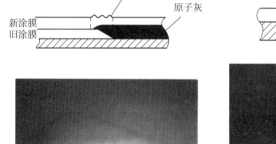

图8-16 原子灰印痕　　图8-17 起雾、发白

(2)可能产生的原因:

①施工场所的空气湿度过高。

②所用溶剂的熔沸点偏低,挥发太快。

③被涂物表面的温度低于室温。

④涂料或稀释剂中含有水,或压缩空气带入水分。

⑤溶剂和稀释剂的选用及配比不恰当,造成树脂在涂层中析出而变白。

(3)预防的方法:

①涂装场地的环境温度最好在15～25℃,相对湿度不高于70%。

②选用熔沸点较高和挥发速度适中的有机溶剂,还可添加防潮剂。

③涂装前先将被涂物加热,使其比环境温度略高。

④增加油水过滤器,防止水分进入压缩空气。

(4)处理的方法:打磨至表面平滑,进行面漆重喷。

18)干喷

(1)现象:涂膜表面呈颗粒状或纤维状粗糙结构、无光泽。

(2)可能产生的原因:

①漆料黏度太高,稀释剂不足或型号不对。
②喷涂方法不当,压缩空气压力过高,喷枪脏污,喷漆时喷枪离工件表面距离太远或喷涂太快。
③喷涂时有穿堂风或空气流动速度太快。
(3)预防的方法:
①按比例使用推荐的稀释剂。
②采用正确的喷涂方法,保持喷枪清洁,在保证漆料充分雾化的前提下,尽量将压缩空气的压力调低,喷枪与构件表面的距离要适当。
③在喷漆室内喷涂,喷漆室内的空气流动速度适当。
④按喷涂要求调整喷枪。
(4)处理的方法:将缺陷区域打磨平,然后抛光。若涂膜表面太粗糙,用上述方法不能修复时,应磨平面漆表面,然后重新喷漆。

19)起泡、起痱子
(1)现象:涂膜的一部分从被涂面或底层上鼓起,其内部含有水分或空气,直径为1~5mm或更小,呈"痱子"状,称为起痱子;涂膜内部含有水和空气,而产生粒状起泡称为起泡。由于被涂面被污染,造成涂层面大块浮起的现象称为污染起泡(图8-18)。
(2)可能产生的原因:
①涂漆前表面已被污染,被涂面残存汗液、指纹、盐碱、打磨灰等亲水物质。
②涂装前清洗被涂面时用水的水质差,含有杂质离子且未被后续清洁方法有效清除。
③所用涂料的涂膜耐水性或耐潮湿性差。
④涂层固化不充分,漆面真正干燥前即暴露于潮湿气候或高温环境中。
⑤持续暴露于严重的潮湿气候及高湿环境,如在梅雨季节涂膜易起泡。
(3)预防的方法:
①所有表面均需清洁无污染,绝不允许有亲水物质残存。
②打磨时用水需勤更换,且最后应清除所有打磨污物。
③涂装前如果使用自来水冲洗,则一定要擦干、吹干、烘干。
④未戴手套时,裸手不要接触被涂面。
⑤涂装工场保持在正确温度之下。在涂装前,车辆必须达到喷漆房内的温度。
⑥压缩空气应清洁而未被污染。
⑦各层间应留有足够的干燥时间,涂膜应干透。
⑧涂层必须充分干燥后,方可暴露于潮湿和高温环境中。
(4)处理的方法:如果缺陷仅在涂层表面,可以将有缺陷的涂层打磨掉之后再重新喷涂面漆。如果缺陷深至底层,则需要将所有涂层清除干净,再重新进行涂装。

20)粉化
(1)现象:涂膜表面出现白垩状的尘土或粉末,通常发生在老化、旧涂膜表面(图8-19)。
(2)可能产生的原因:
①长时间强日光照射。

图 8-18 起痱子、起泡

图 8-19 粉化

②油漆中添加剂使用不当。不符合要求的添加剂会降低涂膜的抵抗力,使其对日光等有害影响更为敏感。

③油漆中的树脂或颜料老化。

④长期暴露于工业区附近,因其大气环境不良,来自工业区污染物或化学物对漆表面侵蚀,使涂膜抵抗力减弱。

⑤稀释比率不当或不良稀释剂。使用不合规定的稀释剂或使用过量的稀释剂,均会使涂膜中残留有害的溶剂,当其暴露于日光中时,此种有害的溶剂会加速漆料的分解而产生粉化。

(3)预防的方法:

①使用推荐的材料。

②避免紫外线(强光)照射涂膜,不用强力洗涤剂清洗涂膜。

(4)处理的方法:将涂膜磨平并抛光即可恢复光泽。严重时,需重新喷涂面漆。

21)开裂、龟裂

(1)现象:肉眼看上去涂膜表面失去光泽,用低倍放大镜观察时可发现大量细微裂纹,像干池塘中的泥土裂开一样(图 8-20)。

(2)可能产生的原因:

①油漆混合不均匀、稀释剂不足或所使用的稀释剂型号不对。

②涂膜太厚或在未完全固化或过厚的底层漆上喷涂色漆。

③被涂物面太热或太冷。

④涂层不匹配。

⑤使用需要添加固化剂的涂料时没有加固化剂。

(3)预防的方法:

①将油漆混合均匀,按规定的比例和型号使用稀释剂。

②采用正确的喷涂方法,每层涂膜要薄而湿,要保证各层之间的流平时间。

③按照油漆使用说明,添加规定的添加剂。

(4)处理的方法:打磨产生裂纹区域的涂膜直至露出完整、平滑的表面甚至直到金属层,然后重新喷涂。

22）变色、褪色

(1) 现象：在使用过程中涂膜的颜色发生变化，其色相、明度、彩度明显偏离标准色板或原色板的现象称为变色。如果涂膜颜色变浅则称为褪色（图8-21）。

图8-20 开裂、龟裂

图8-21 变色、褪色

(2) 可能产生的原因：

①受阳光照射、潮湿、高温和空气中的腐蚀性气体（如二氧化硫）等作用所致，例如白漆表面会变黄。当车辆长时间暴露在有化学物的大气中涂层会受影响，如发现颜色有不正常变化时，即应予以检视，找出暴露环境中的不寻常之处。

②未遵守规定的配方调色。

③所用涂料耐候性差或不适用于户外。在涂膜老化、增塑剂析出等过程中有机颜料通过涂膜迁移。

(3) 预防的方法：

①使用正确的调色配方。

②经常或定期清洗车辆。

③选用耐候性优良的汽车修补面漆和固化剂。

(4) 处理的方法：

①若损伤较小，使用抛光作业去除缺陷层。

②若抛光仍无法修复缺陷或修复不久后又再度发生时，则将缺陷层磨除并重新喷涂该区域。

23）失光

(1) 现象：由于涂料不良导致所得涂膜的光泽低于标准光泽的现象，以及在使用过程中最初有光泽的涂膜表面上出现光泽减小现象。

(2) 可能产生的原因：

①涂装不良，未按工艺执行，涂膜涂得过薄、过度烘烤和被涂面粗糙等。

②所选用涂料的耐候性差。

③涂膜干燥收缩造成。

④阳光照射、水汽作用和腐蚀气体的脏污。

(3) 预防的方法：

①严格按工艺要求或按涂料厂推荐的涂料施工条件进行涂装。

②按被涂物的使用条件,选用耐候性优良的涂料。
(4)处理的方法:
①若失光程度较小,可使用抛光作业去除缺陷层。
②若抛光仍无法修复缺陷或失光程度严重,则将缺陷层磨除并重新喷涂该区域。

24)脏污、斑点
(1)现象:在涂膜表面上发生与大部分表面颜色不相同的色斑或黏附尘埃和脏物等异物的现象。
(2)可能产生的原因:
①涂膜在使用过程中受热软化或回黏。
②涂膜中析出异物。
③受环境空气中的污物的侵入、脏污。
④所用颜料不耐酸碱或长霉所致。
(3)预防的方法:
①选用在使用中不受热回黏不软化不析出异物的涂料。
②选用耐脏污性好得涂料。
③不把被涂物放置在污染源附近。
(4)处理的方法:将脏污或斑点区域打磨平滑,再重新喷漆。

图8-22 脱落

25)脱落
(1)现象:涂膜表面出现鳞片状脱落。这些脱落的漆片易碎,其边缘呈上卷状脱离基材表面(图8-22)。
(2)可能产生的原因:
①下层表面处理不好,受到蜡、油脂、水、铁锈等的污染。
②在钢或铝材表面未使用金属表面处理剂,或使用的处理剂型号不对。
③喷漆时,基材表面温度太高或太低。
④喷涂底漆的方法不当,底漆未充分干燥。
⑤涂料的黏度不当,使用的稀释剂型号不对或质量差。
⑥压缩空气的压力太高。
⑦涂料没有混合均匀。
⑧底漆选用不对。
⑨涂膜过厚。
⑩干喷。
(3)预防的方法:
①彻底处理好准备喷涂的基材表面。
②喷涂和干燥时,要保证在推荐的温度范围内。

③使用正确的工艺喷涂底漆,保证底漆充分固化后再喷涂面漆。
④使用推荐的稀释剂将涂料稀释到要求的黏度范围。
⑤每次喷涂的涂层要薄而湿。
⑥使用同一油漆生产商生产的配套产品。
⑦正确调整喷涂压力。
⑧喷涂封闭底漆。

(4)处理的方法:将剥落的涂膜清除,按要求的涂装方法、材料,重新喷漆。

26)锈蚀、生锈

(1)现象:在涂膜下出现红丝或透过涂膜的锈点,前者称为丝状腐蚀,后者称为疤状腐蚀。

(2)可能产生的原因:
①水分穿过涂膜的裂缝或碰伤部位到达钢板表面而锈蚀。
②在涂装前锈垢未完全彻底清除,对有锈点锈疤和点焊缝隙部位应特别注意。
③涂层不完整,有针孔、漏涂等缺陷,如有些缝隙和点焊缝中未涂到涂料。
④所用涂料的耐腐蚀性差。
⑤在修补部位露出金属底材后,未喷涂防锈漆。
⑥使用环境差,如高温、高湿,有腐蚀介质的侵蚀。

(3)预防的方法:
①涂装前被涂面一定要清洁,绝不允许带锈涂装。
②黑色金属件在涂底漆前应进行磷化处理,并与所用涂层具有良好的配套性。
③应确保被涂物的所有表面都应涂到涂料。
④根据被涂物的使用环境选用耐腐蚀性和耐潮湿优良的涂料。

(4)处理的方法:将锈蚀区域打磨平整,然后喷涂防锈底漆,再喷涂面漆。

27)干燥不良、慢干

(1)现象:涂层很久不干(图8-23)。

(2)可能产生的原因:
①硬化剂不当(太少或太多)。
②喷涂过厚。
③稀释剂太慢干或太低劣廉价。
④干燥条件不好,空气太潮湿。
⑤涂层之间干燥时间不够。

(3)预防的方法:
①使用推荐的稀释剂。
②按推荐的膜厚喷涂。
③留有足够的挥发时间。
④改进喷涂和干燥条件。

图8-23 干燥不良、慢干

(4)处理的方法:将汽车置于通风或温暖的环境,加热以加速干燥过程。

❸ 抛光打蜡的作用

1）抛光的作用

抛光主要是为了增加涂膜的光泽度与平滑度，消除涂面的粗粒、轻微流痕、泛白、橘皮、细微砂纸痕迹、划痕、泛色层等涂膜表面细小的缺陷（图8-24）。抛光处理既适用于旧涂面翻新，也适用于新喷涂面及修补施工。

（1）旧涂面翻新抛光。汽车是一种室外交通工具，长年受到阳光、风沙、雨雪、温差、大气污染物、化学品等不良环境影响，涂面受到的侵蚀程度既复杂又严重。光靠简单的水洗不能将其消除，而要进行翻新抛光处理，通过摩擦和抛光的作用来消除涂面的缺陷。抛光盘配合抛光剂与涂面摩擦，去除涂面的老化层和细微擦痕，抛光剂中的部分成分渗入涂膜，使涂面变得光滑、靓丽。

（2）新喷漆面抛光。全车喷涂面漆或部分喷涂面漆过程中可能产生各种缺陷，如流痕、粗粒、橘皮、发白、失光、丰满度差，以及局部喷涂时飞溅于旧涂面的漆尘和新旧涂膜交界处的痕迹均可通过抛光处理得到及时的纠正。

2）打蜡的作用

汽车涂膜经过抛光后，一般均需在其表面打蜡（图8-25），蜡质在涂膜表面干燥后会形成一层薄的保护膜，该保护膜可以反射阳光中的紫外线，降低对涂膜的破坏。蜡质能有效防止水分子对涂膜的渗透并具有抗污能力，蜡膜有一定的硬度，可减轻划伤涂膜的程度，蜡膜的光泽能提高涂膜的光泽度、丰满度，弥补抛光处理后的不足。

图8-24　抛光

图8-25　打蜡

二 任务实施

❶ 准备工作

1）主要工具设备的准备

（1）抛光机及抛光垫。抛光机是利用抛光垫旋转对涂层表面进行修饰的工具。按照抛光机的动力来分，有电动（图8-26）和气动（图8-27）两种。它的转速一般可以调整，操作简单。

抛光垫是用在抛光机上，并与相应的抛光剂配合使用，来抛光涂料表面的。常用的抛光垫按抛光的粗糙度可分为供粗抛光用的粗抛光垫和供精抛光用的精抛光垫两种。

项目三 汽车面漆的涂装

图 8-26 电动抛光机

图 8-27 气动抛光机

粗抛光垫用于清除打磨划痕和调整纹理,摩擦效果大,抛光痕迹明显,通常粗抛光垫与摩擦效果比较大的粗抛光剂配合使用。相反,精抛光垫摩擦效果小,抛光痕迹不明显,它与摩擦效果较小的精抛光剂配合使用,可以清除粗抛形成的涡旋痕迹,使漆面产生光泽。

从抛光垫的材料来说,有纯羊毛、人造纤维和海绵三类。纯羊毛为传统的抛光材料,其研磨力强,一般用于普通漆面的抛光;人造纤维和海绵较羊毛软,一般用于普通面漆和清漆层的抛光。表 8-1 是各种类型的抛光垫。

各种类型的抛光垫 表 8-1

名 称	图 形	名 称	图 形
粗抛海绵垫		精抛光海绵垫	
波浪海绵垫		羊毛抛光垫	
硬毡抛光垫		软毡抛光垫	

(2)其他工具设备。其他还需要使用到的工具有打磨块、喷壶、风枪等。

2)主要材料的准备

(1)抛光剂。汽车用抛光剂一般由聚乙烯乳液、硅酮类高分子化合物、油脂及各类添加剂等成分制成。根据添加的成分不同,其物质形态及性能上有所区别,可划分为不同的种类。按研磨剂颗粒的大小不一样,分为粗粒度、中粒度和细粒度几种;按研磨方式的不同,分为手工研磨用抛光剂和机械研磨用抛光剂;按黏度不同,又有膏状和液体状两种样式(图8-28)。

抛光剂有两种作用,研磨开始时,磨料颗粒起研磨作用,将涂膜表面磨平;到研磨后期,磨料颗粒被粉碎成极细粉末,可起抛光作用。

(2)汽车蜡。车蜡主要是起保护作用的。打蜡除了能增加漆面的光洁度外,其在车表形成的蜡膜还能有效地防止产生静电、防止紫外线的照射,起到抗高温、防氧化、防水、防划伤等作用。车蜡品种很多,不同的车蜡所起的作用有所不同。选用时要根据车蜡的特点及需要防护的方面进行选择,图8-29是各种不同类型的保护蜡。

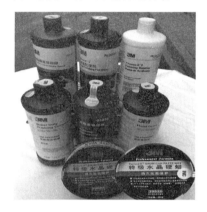

图8-28 抛光剂

图8-29 保护蜡

(3)其他材料。其他还需要使用到的材料包括清洁剂、漆面研磨砂纸(图8-30)、抛光及打蜡用海绵(图8-31)、无纺布、抹布等。

图8-30 漆面研磨砂纸

图8-31 海绵

❷ 面漆抛光前的干燥及研磨

(1)面漆涂装完成后,在保持喷漆房正常抽风的情况下,静置15~20min时间。

在涂料刚刚施涂之后,溶剂挥发很快,如果马上加热,那么会加速溶剂的挥发,从而让溶剂在涂膜表面造成陷坑和针孔等缺陷。涂膜的静置时间与所用的涂料类型、涂层厚度、溶剂的种类及周围的环境温度有关,在施工过程中一定按照规范的调配及施工工艺进行,这样可以避免很多涂膜缺陷的产生。

（2）清除贴护。等涂膜静置适当的时间,表面稍稍干燥之后,清除掉工件周围的遮蔽纸及胶带。如果后面需要抛光打蜡处理的,为了防止抛光剂及车蜡污染其他部件,也可以只拆除靠近涂料边缘的胶带,留下遮蔽纸。

（3）对涂料进行干燥。汽车修补用的溶剂挥发型、氧化固化型或双组分聚合型涂料都可以采用自然干燥或利用加热设备进行烘烤干燥。烘烤干燥除了可以使用红外线烤灯之外,也可以使用烤漆房进行干燥。一般涂装面积较小时,宜选用红外线烤灯进行烘烤;涂装面积较大或涂装部位较多时,可以选用烤漆房进行烘烤。

（4）检查涂料的干燥程度。涂料的干燥程度大致可以分为以下几种：

①不粘尘：涂料表面已经干燥,灰尘不再附着于涂料表面。

②不粘手：涂料基本干燥,用手轻轻施加压力不会留下明显印痕,但是用力施压会有较浅的痕迹。

③干得可以装卸：涂料基本固化,用力施压不会有明显痕迹,干得可以允许进行零件安装。

④干透：涂料完全固化,用力施压不会有任何痕迹,可以允许进行其他作业,如抛光、重涂等。

需要抛光或重涂作业时一定要等涂料完全干透再进行,否则容易出现其他涂膜缺陷。

（5）用打磨块配合 P1500～P2000 漆面研磨砂纸蘸水打磨缺陷（图8-32）。

（6）反复检查打磨效果。一般将缺陷部位打磨至与周围平整度、纹理基本一致即可,不可打磨过度。如果不慎磨穿面漆层则需要重新喷涂面漆；如果面漆层打磨太薄的话,在抛光时也容易磨穿面漆。

（7）清洁工件表面,并用风枪吹干（图8-33）。

图8-32 打磨缺陷

图8-33 吹干工件

3 抛光打蜡面漆

车门涂膜表面的缺陷经过研磨后,漆面平整,但打磨过的部位失去了光泽,因此需要通过抛光打蜡来恢复面漆的光泽。抛光打蜡的方法会根据选用的材料不同而有所不同,一般的施工工序如下：

（1）穿戴好工作服、护目镜、防尘口罩、橡胶手套、安全鞋等劳保防护用品。

（2）用海绵或擦拭布将粗抛光剂均匀涂抹于打磨部位（8-34）。

如果打磨部位太大,可以分多块操作,一次涂抹面积不宜超过 $0.5m^2$。抛光剂也不宜一次涂得过厚，否则会堵塞抛光垫，影响抛光效果。

（3）将配有粗抛光垫的抛光机的转速调至1000～1500r/min，并轻轻地平放在漆面上（图8-35）。

图8-34　涂抹粗抛光剂

图8-35　平放抛光机

（4）起动抛光机，然后均衡的向下施加一定的压力，按照往复运动的方式慢慢移动进行抛光。

抛光时需要注意：

①如果抛光机先起动再接触漆面的话，掌握不好会对漆面造成损伤。在抛光过程中抛光机可以平放在工件表面，也可以以5°～15°的小角度放在工件上，如果角度太大，则抛光时是抛光垫的边缘在摩擦漆面，容易对漆面造成损伤，如图8-36所示。

图8-36　抛光机的角度

②向下施加的力如果太大，摩擦力也大，容易损伤漆面；如果力太小，摩擦力小，则抛光效果不好。

③抛光机的移动方向最好与车身流线型方向一致，作往复运动。

④粗抛光只要能去掉砂纸打磨的痕迹即可。

⑤对于工件边沿或不好使用抛光机的部位应该使用手工抛光，即用柔软的擦拭布或抛光海绵蘸上抛光剂之后，用手工往复来回摩擦，直至消除打磨痕迹，如图8-37所示。

（5）用干净的擦拭布将工件清理干净，对于表面还有打磨痕迹的，重复步骤①～③，直至完全消除砂纸磨痕，基本恢复光泽。

（6）用海绵或柔软的擦拭布将精抛光剂均匀涂抹于工件表面（图8-38）。

（7）将抛光机转速调至1500～2000r/min，并选择精抛光垫进行抛光。第二次抛光的主要目的是为了消除粗抛时所形成的抛光痕，以及提高涂层的光泽度。抛光时可适当加一点点水进行润滑，这样抛光效果会更好。如果一遍处理不到位，可以进行2～3遍，直至达到要求为止。

（8）用柔软的擦拭布将整个工件清理干净。

 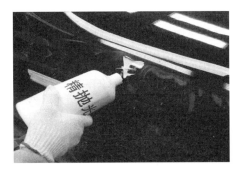

图8-37　手工抛光　　　　　　　图8-38　涂抹精抛光剂

（9）用精细海绵或柔软的擦拭布蘸上上光保护蜡均匀涂抹在工件上面（图8-39）。涂抹时面积也是不宜过大，每次以0.5m²为宜,力度均匀地按车身流线型方向依次往返涂抹。

（10）待车蜡稍干之后,再用干净的软布将车蜡擦拭干净即可（图8-40）。擦拭时也要注意用力均匀,力度适中,避免重新在涂层上留下擦拭的痕迹。最后处理好的工件必须达到漆面光亮如镜、纹理一致、没有任何印痕。

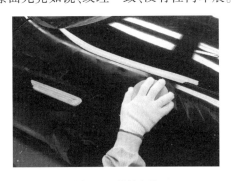 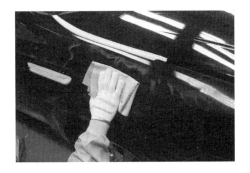

图8-39　涂抹车蜡　　　　　　　图8-40　擦拭车蜡

（11）检查工件,将工件上面所有的抛光剂及车蜡清理干净。抛光剂及车蜡里面含有溶剂,如果在工件或漆面上停留时间过长,容易在漆面上形成印痕。

三　学习拓展

❶ 汽车上的特殊修补涂装形式

1）车底涂装

汽车底部和轮罩内由于在行驶过程中经常会受到石子、泥沙等的撞击,一般的涂料涂层防护效果较差,容易出现损伤。所以在新车涂装时涂上电泳涂层以后,还会在上面涂上一层乙烯塑料丁酯,这样可有效地防止硬物飞溅的损坏。在修补涂装中,由于乙烯树脂必须达到120~130℃的高温才能干燥,所以它不适合车辆的修补涂装。

汽车维修中的车底涂装工艺一般为：

（1）将要喷涂的部位彻底清洗干净。由于汽车底部使用环境恶劣,底部及轮罩内混有泥沙、油脂、沥青等附着物,如果涂装前不清理干净,会影响涂层的附着力。

(2)将周边不需要喷涂或不能喷涂的部件保护起来。如汽车底部的一些运动部件,以及温度较高的部件等是不能喷涂涂料的。

(3)喷涂车底涂装涂料。现在常用的车底涂料有两种使用方式,一种是采用自喷罐形式,使用前摇晃均匀后直接喷涂。另外一种是使用专用的喷枪进行喷涂。车底涂料一般要求多喷涂几层,只有达到一定厚度后才能起到更好的保护作用。喷涂完成后,留出足够的干燥时间,使车底涂料彻底干燥之后才进行后续操作。

2)抗砂石撞击涂装

抗砂石撞击涂料是一种喷涂在汽车车身上的专用涂料,用于防止行驶时轮胎崩起的石头或砂子撞击车身而引起的车身生锈。目前我们应用的主要有两种类型的抗砂石撞击涂料:面漆型和中间涂层型抗砂石撞击涂料。两种类型涂料的防砂石撞击作用是相同的,不同之处在于面漆型抗砂石撞击涂料是黑色的,而中间涂层型抗砂石撞击涂料与面漆颜色相同,因为它施涂在电泳层和中间底漆之间。这两种类型的涂料所得到的橘皮纹理是不一样的。

对抗砂石撞击涂层进行修补,必须注意三个方面:一是要使用抗撞击性能很好的涂料;二是涂层要达到一定的厚度(具体参照产品供应商的使用说明);三是要确保修补部位的纹理必须与原涂膜纹理相同。要保证涂膜纹理一致,可以通过在试板试喷的方式进行,通过不同的喷涂方法(如涂层厚度、喷涂次数、枪距远近等)来改变涂膜的纹理,使之达到一致。

抗砂石撞击涂层的涂装方法一般如下:

(1)面漆型抗砂石撞击涂装

①将损伤部位清理干净。

②将损伤部位的旧涂层打磨掉并磨出羽状边。

③涂防锈底漆并将损伤部位整平。如果需要刮涂原子灰的,最好不要刮涂过厚,以免时间长了,出现脱落。

④喷涂中涂底漆并干燥之后打磨。

⑤喷涂抗撞击涂料。抗撞击涂料的使用及喷涂方法应参考具体产品的说明。

(2)中间型抗砂石撞击涂装

①将损伤部位清理干净。

②将损伤部位的旧涂层打磨掉并磨出羽状边。

③涂防锈底漆并将损伤部位整平。

④喷涂抗撞击涂料并干燥。

⑤喷涂中涂底漆及面漆。

3)黑色涂装

黑色涂装主要指散热器上的支撑架、车门框、车门槛板等部位,为了防止车身颜色从空隙露出来,改善车身设计或外表,使车身看起来更具装饰性的涂装。

通常黑色涂料都涂装成半光泽或无光泽的黑色,是在普通的黑色面漆涂料中加入不同分量的减光剂,以得到需要的光泽效果。黑色涂装的施工方法与一般车身涂料的涂装工艺相同,只是在面漆涂装时,根据需要添加适量的减光剂即可。减光剂减光的效果可以通过试加试喷的方式或参照涂料供应商的使用说明来添加。

4）抗划痕涂装

汽车在使用过程中,涂层很容易出现划痕,颜色越深的车辆,划痕越明显。所以有一些较深颜色的汽车为了避免容易出现划痕,采用了抗划痕的涂料,这类涂料有一定的韧性,涂层树脂的原子相互缠结在一起,从而提高了抗划痕的性能。这类涂层不能用普通涂料进行修补。如果使用普通涂料,在喷涂涂料时没有划痕,但几个月后,涂层很可能出现划痕,留下修补涂装的痕迹,因此必须使用具有抗划痕性能的特殊类型修补涂料修补。修补时要注意以下几点:

(1) 抗划痕涂装修补必须使用专门的抗划痕清漆。

(2) 抗划痕清漆如需抛光,打磨及抛光所需时间都较长,抛光应在烤干冷却后尽快进行,否则抛光较困难。

(3) 抗划痕清漆驳口修补时边缘很难抛光,故抗划痕清漆一般建议整喷,不建议局部修补。

(4) 喷涂抗划痕清漆前,因为原来的原厂抗划痕清漆漆膜只用菜瓜布打磨不足以保证良好附着力,故应使用 P400-P500 干磨砂纸进行打磨。

2 汽车零部件的涂装

汽车上的零部件种类很多,它们的涂装目的和要求是各不相同的,常见的汽车零部件涂装方法如下。

1）底盘、底架的涂装

汽车底盘件包括车桥、传动轴、转向机、分动箱、减振器和底盘小件,如制动管、弹簧、拉杆及各种盖板等。因车桥、转向机、传动轴、分动箱等有油封、橡胶件和垫圈等而不能经高温烘烤,故可采用自干型或快干型涂料涂装。底盘小件通常采用烘干型涂料。

(1) 底盘件车桥、传动轴、转向机等涂装工艺。

①快干涂料涂装工艺,见表 8-2。

底盘部件的快干涂装工艺　　　　表 8-2

序号	工序名称	材　料	工艺参数	质量检查
1	热碱液除油（指有油无锈件）	碱性脱脂剂等	温度 70～80℃,浸泡 15～20min,喷射 1～10min	无油污、无浮灰、无水迹
2	一次热水洗		温度 60～70℃,浸泡 2～3min,喷射 0.5～1min	
3	二次热水洗			
4	干燥		吹干或 100℃ 烘干	
5	手工喷涂底漆	铁红或铁黑,硝基过滤乙烯底漆,配套稀料	黏度 14～16s(20℃),喷涂气压 0.3～0.4MPa	涂膜均匀平整,无漏喷、露底,干膜厚度为 20～30μm
6	底漆干燥		自干 40～60min,低温烘干（60～70℃）15～20min	

续上表

序号	工序名称	材料	工艺参数	质量检查
7	手工喷涂面漆	硝基、过氯乙烯或氯化橡胶面漆,配套稀料	喷涂黏度 16~18s(20℃),气压 0.35~0.4MPa,湿碰湿喷涂 3~4 道	涂膜均匀平整,无漏喷、露底等缺陷,总涂层干膜厚度为 50~70μm
8	面漆干燥		自干 1~1.5h,低温烘干(60~70℃)30~40min	

②底盘专用漆涂装工艺。底盘的涂装工艺按涂装方式可分为浸涂和喷涂两种工艺。

a.浸涂工艺。其工艺流程为:基材处理(手工擦洗除油,机械工具除锈)→吹光擦净→浸涂沥青底盘底漆(黏度为20℃时20~25s)→干燥(自干24h,100~110℃烘干时需40~60min)→质量检查→浸涂沥青底盘面漆→干燥→质量检查。

b.喷涂工艺。其工艺流程为:基材处理(手工擦洗除油,机械工具除锈)→吹光擦净→手工喷涂沥青底盘底漆(黏度为20℃时18~22s)→干燥→质量检查→手工喷涂沥青底盘面漆→干燥→质量检查。

(2)底盘小件涂装工艺。

工艺1:用热碱液浸洗除油→热水冲洗两次→烘干或吹干水分→质量检查→浸涂或喷涂第一道 L04-1 沥青磁漆→干燥(100~110℃时烘干40~60min或自干24h)→喷涂第二道 L04-1 沥青磁漆→干燥→质量检查。

工艺2:用热碱液浸洗除油→热水冲洗两次→吹干或烘干水分→质量检查→静电喷涂设备涂一道环氧粉末涂料→180~200℃时烘干20~30min→冷却→质量检查。

(3)底架涂漆工艺。对底架的涂装可根据其生产方式、产量和涂装条件等采用以下4种工艺,即电泳涂装工艺、淋涂水性涂料工艺、浸涂沥青漆工艺、手工涂装工艺。

①电泳涂装工艺。电泳涂装工艺适合于大批量汽车底架生产的涂装。其工艺流程为:热碱液除油→一次热水洗→二次热水洗→磷化处理→一次水洗→二次水洗→纯水清洗→吹干水分→电泳涂一道阴极底面和一道电泳漆→一次水洗→二次水洗→三次水洗→160~180℃时烘干25~35min→冷却→技术检查→手工喷涂环氧沥青防腐漆→干燥(自干或烘干均可)→质量检查。

②淋涂水性涂料工艺。其工艺涂装的生产成本低,适于各种载重汽车的底架(车架)涂装。淋涂水性涂料工艺流程为:热碱液除油→一次水洗→二次水洗→磷化处理→水洗两次→纯水洗一次→吹干水分→淋涂水性涂料→160~180℃时烘干30~40min→冷却→技术检查→喷涂沥青底架面漆→干燥→质量检查。

③浸涂沥青漆工艺。这种工艺适合于中批量汽车底架生产的涂装。其工艺流程为:热碱液除油→热水洗一次→二次水洗→用 80~100℃热风吹干→冷却检查→浸涂沥青漆→160~180℃时烘干30~35min→冷却→技术检查→喷涂环氧沥青防腐漆→干燥→质量检查。

④手工涂装工艺。其工艺生产效率低,主要适用于小批量底架(车架)生产的涂装。

手工涂装工艺流程为:手工除油→手工机具除锈→汽油或清洁剂擦净浮污→手工刷涂或喷涂铁红酚醛防锈漆→自干 16~24h→手工刷涂或喷涂酚醛、醇酸、沥青或氯化橡胶面漆→自干 24h→质量检查。

2)发动机的涂装

(1)处理基材。

①用面纱、抹布等配合毛刷,使用脱脂剂将发动机总成表面上的油污、灰尘等杂质清除干净。

②用压缩空气反复吹净各死角、缝隙等处的积灰等杂质。

③对不需涂漆的部位或配件表面涂抹黄油或贴纸遮盖严密。

(2)涂漆工艺。对发动机总成(包括变速器、离合器等)表面的涂漆,由于发动机总成的热容量大,且部分配件又不能经受高温,加上发动机总成表面经常接触汽油、机油、柴油及水等物质,故要考虑使用耐机油、汽油、柴油和耐水性的漆种进行涂装。通常情况下,大量流水线生产易采用硝基等快干性涂料。对总成发动机毛坯,均应在总成装配前先预涂一道防锈底漆(铝粉漆等);对发动机的配套件,如发电机、起动机、空气滤清器和风扇等,也应先涂漆后装配。这种涂漆工艺在发达国家早已采用,即先毛坯涂漆后加工装配。这样既简化了涂漆工艺,又能保证各部分涂漆到位。其涂装工艺如下。

①先涂漆后装配工艺:毛坯清净→磷化处理→热风吹干→静电喷涂粉末涂料→烘干→冷却→质量检查(合格产品转装配,不合格产品,手工喷涂该色合成树脂磁漆进行返工)。

②发动机总成涂漆工艺:喷涂一道硝基或快干合成树脂磁漆→在 70~80℃下,烘干需 8~10min→冷却→质量检查(涂膜应均匀平整,不漏喷,不露底,干燥程度好,不影响装运)。

3)汽车车轮的涂装

(1)基材处理。根据生产量的大小和涂装设备条件的不同,基材处理可采用以下三种工艺。

①大批量生产处理工艺:热碱液除油→一次水洗→二次水洗→磷化处理→一次流动水洗→二次流动水洗→纯水洗→热风吹干。

②中批量生产处理工艺:热碱液除油→一次热水洗→二次热水洗→烘干或热风吹干。

③小量生产处理工艺:手工除油、除锈→手工吹光擦净。

(2)涂漆工艺。涂漆可采用以下五种工艺。

工艺 1:采用电泳涂装法涂一道阴极电泳漆→水洗 2~3 次→180℃烘干 20min→冷却→质量检查→手工静电喷涂一道耐蚀性面漆→130~140℃烘干 25~30min→冷却→质量检查。

工艺 2:采用静电粉末涂料,涂装一道厚度为 40μm 以上的环氧粉末涂层→190~200℃烘干 20min→冷却→质量检查。

工艺 3:用浸涂或淋涂法涂一道水性涂料→180~200℃烘干 20~30min→冷却→质量检查。

工艺4:先浸涂一道沥漆(型号为L06-3)→180~200℃烘干40~50min→冷却→质量检查→再浸涂一道L01-12沥青清漆→180~200℃烘干40~50min→冷却→质量检查。

工艺5:手工刷涂或喷涂一道防锈底漆(铁黑酚醛、环氧或醇酸)→自干12~18 h或100~120℃烘干30~40min→冷却→质量检查→手工刷涂或喷涂一道磁化铁黑环氧或酚醛面漆→自干或烘干。

4)散热器的涂装

(1)将经水压试验合格后的散热器挂到悬挂式输送链上。

(2)烘干或热风吹干被涂表面的水分。

(3)手工喷涂一道L04-1沥青磁漆或自动静电喷涂一道氨基醇酸静电磁漆。

(4)用100~110℃烘烤40~60min。

(5)冷却后质量检查:涂膜应干透,平整光亮,附着力强,不允许有漏喷、露底、流漆、皱纹等缺陷,否则应返工。

5)玻璃钢部件的涂装

玻璃钢部件在汽车上使用较多,特别是客车上应用很广泛,它的涂装方法要根据表面的质量要求来选择,一般车身外表面的玻璃钢部件的修补涂装工艺如下:

(1)将玻璃钢表面出现破损的地方用专用黏结剂黏结好。

(2)用打磨机将多余的黏结剂打磨平整,并磨出损伤部位周围的羽状边。

(3)用原子灰将损伤部位填平并打磨光滑。

(4)喷涂中涂底漆,将损伤部位封闭起来。

(5)待中涂底漆干燥之后打磨平整光滑。

(6)按质量要求喷涂面漆。

四 评价与反馈

1 自我评价

1)理论知识掌握情况

(1)我国汽车行业对于轿车车身涂层的质量要求是怎样的?

(2)常见的涂膜缺陷有哪些?涂膜缺陷的主要的原因及处理方法有哪些?

(3)汽车抛光、打蜡的作用分别是什么?

2)实践技能掌握情况

(1)劳保防护用品的选择。请根据表8-3所示内容,在相应的防护用品下面打"√"。

项目三 汽车面漆的涂装

汽车面漆的修整工作中的劳动保护　　　　　　　　　　　表8-3

工序	推荐的涂装工防护用品							
车表清洁								
研磨								
抛光								
打蜡								

（2）汽车面漆的修整规范工艺流程。请根据本节所学知识，完成表8-4所示内容。

汽车面漆的修整工艺流程　　　　　　　　　　　　　　表8-4

序号	主要操作步骤	所需主要工具、设备及材料	技术或质量要求

（3）请对本学习任务的学习内容及学习效果进行总结。

签名：_____　　____年__月__日

2 小组评价

根据表8-5的评价项目对小组的任务实施情况做出评价。

小组评价情况表　　　　　　　　　　　　　　　　　　表8-5

序　号	评 价 项 目	评 价 情 况
1	着装是否符合要求	
2	是否能合理规范地使用仪器和设备	
3	是否按照安全和规范的流程操作	
4	是否遵守学习、实训场地的规章制度	
5	是否能保持学习、实训场地整洁	
6	团结协作情况	

参与评价的同学签名：_____　　____年__月__日

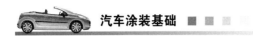

❸ 教师评价

教师签名：_____　　　____年__月__日

五 技能考核标准

汽车面漆的修整技能考核标准表见表8-6。

汽车面漆的修整技能考核标准表　　　　表8-6

序号	项目	规定分	评 分 标 准	得分
1	面漆的干燥	15 分	面漆喷涂后未静置合适的时间扣5分	
			未及时清除遮蔽纸扣3分	
			烘烤温度和距离不正确扣5分/项	
			未正确判断面漆的干燥程度扣5分	
2	面漆的修整	30 分	未正确穿戴防护用品扣1分/次	
			未正确选择和使用砂纸扣5分/次	
			打磨方法不正确扣5分	
			未打磨平整缺陷扣3分/处，导致新缺陷扣5分/处	
			未及时处理相关工具材料扣2分/次	
3	面漆抛光及打蜡	55 分	未正确穿戴防护用品扣2分/次	
			未正确涂抹抛光剂扣2分/次	
			未正确调整和使用抛光机扣5分/次	
			抛穿面漆扣1~10分/处（视情况而定）	
			未正确涂抹保护蜡扣2分/处	
			未完全恢复光泽、纹理扣1~20分（视情况而定）	
			未及时清洁工件表面扣5分	
			未及时处理相关工具材料扣2分/次	
	总分	100 分		

项目四　汽车塑料件的涂装

学习任务9　汽车保险杠的涂装

学习目标

知识目标

1. 了解塑料的组成及其特性；
2. 熟悉塑料的种类及鉴别方法；
3. 明确塑料涂装的目的和特点；
4. 掌握常用塑料件表面的前处理方法。

技能目标

1. 能完成相关工具设备材料的使用及维护；
2. 能完成塑料件的维修涂装；
3. 能完成塑料件的新件涂装。

建议课时

12课时。

一辆汽车的前保险杠由于碰撞，拐角处出现变形及涂层损伤（图9-1），车主有可能要求直接修复，也有可能要求更换新保险杠。请根据这两种情况，分别进行维修，以恢复和达到原来的涂膜质量要求（图9-2）。

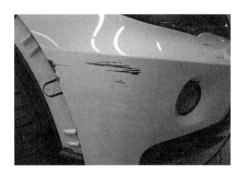

图9-1 保险杠修复前的效果

图9-2 保险杠修复后的效果

一 理论知识准备

1 塑料的组成及其特性

塑料在汽车上的应用发展很快,从最初的一些简单内饰件到现在替代金属制成的车身覆盖件,甚至全塑料车身也已问世。新材料的使用给汽车涂装带来了新的课题,我们只有充分地了解塑料的有关知识,才能更好地进行塑料件的涂装。

1)塑料的组成

塑料是以合成树脂为基体,并加入某些添加剂制成的高分子化合物。

(1)合成树脂。合成树脂是由低分子化合物经聚合反应所获得的高分子化合物,如聚乙烯、聚氯乙烯、酚醛树脂等。树脂受热软化后,可将塑料的其他组分加以黏合,制成不同形状的塑料制品。合成树脂是塑料的主要成分,占到40%～100%,它的种类、性质及加入量的多少,决定了塑料的主要性能,如物理性能、化学性能、力学性能及电性能等,所以大部分的塑料是以所加树脂的名称来命名。

(2)添加剂。添加剂也称助剂,是为改善聚合物(合成树脂)的某些性能、扩大使用范围而添加的一些化合物。添加剂品种繁多,如填充剂、增塑剂、稳定剂、润滑剂、着色剂、固化剂等。

填充剂的主要作用是调整塑料的物理化学性能,提高材料强度,扩大使用范围,以及减少合成树脂的用量,降低塑料的成本。常用的填充剂如碳酸钙、硅石、硅藻土、云母、石棉、石墨、木粉、金属粉、棉花、亚麻、石棉纤维、玻璃纤维、碳纤维、纸张及棉布屑、玻璃布等。

增塑剂的主要作用是提高塑料的可塑性和柔软性,降低熔融温度,改善熔体的流动性。加入增塑剂可加大分子间的距离,削弱大分子间的作用力。

稳定剂的主要作用是抑制和防止塑料在加工和使用过程中因受热、光及氧等作用而分解变质,使加工顺利进行,保证塑件具有一定的使用寿命等。常用的稳定剂有热稳定剂、光稳定剂、抗氧剂、紫外线抗御剂等。

润滑剂的主要作用是对塑料表面起润滑作用,防止塑料在成型加工过程中黏附在模具上。同时,添加润滑剂还可以提高塑料的流动性,便于成型加工,并使塑料表面更加光滑。常用的润滑剂为硬脂酸及其盐类,其加入量通常小于1%。

着色剂的主要作用是为满足塑件使用上的美观要求,给予塑料以色彩及特殊的光学性能,有时还能改善塑料制品的耐候性,常加入着色剂。常用的着色剂如各种颜料、染料、铝粉、铜粉等。

固化剂又称硬化剂、交联反应剂。它的主要作用是促使合成树脂进行交联反应而形成体型网状结构,或加快交联反应速度。固化剂一般多用在热固性塑料中。

各类添加剂加入与否和加入量的多少,要视塑料制品的性能和用途而定。

2)塑料的特性

塑料相对于其他材质,有着自己明显的特性:

(1)质量轻。一般塑料的密度仅是钢铁的1/8~1/4,铝的1/2左右,用它来制作汽车零部件,可减轻汽车的质量,降低油耗。

(2)不导电,具有很好的绝缘性能,可以用来制作汽车电器的绝缘零件。

(3)不传热,可以用来制作汽车的隔热零件。

(4)防振动,耐磨性和隔噪声性能好,可以用来制作汽车的防振、耐磨、隔声降噪零件。

(5)容易着色,可以制成各种颜色的零部件。

(6)耐腐蚀性好。塑料对酸、碱、盐和有机溶剂有良好的耐腐蚀性能,可以用来制作在腐蚀介质中工作的零件,或者采用在其他材料表面喷塑的方法提高其耐腐蚀能力。

(7)比强度高。等质量的塑料与金属相比,其比强度要高。

(8)塑料的力学性能较差,受力容易变形。

(9)耐热性较差,其工作温度一般控制在70℃以下,超过80℃,塑料容易老化变形。

(10)塑料吸水或溶剂时,其性能和尺寸会发生变化(易受水、油、氧和溶剂的影响)。

2 塑料的种类及鉴别方法

1)塑料的种类

塑料的种类很多,按其受热性能的不同,可分为热固性塑料和热塑性塑料两大类。

(1)热塑性塑料。热塑性塑料是由可以多次反复加热而仍具有可塑性的合成树脂制得的塑料。这类塑料的合成树脂分子结构呈线型或支链型,通常互相缠绕但并不连接在一起,受热后能软化或熔融,从而可以进行成型加工,冷却后固化。如再加热,又可变软,可如此反复进行多次。常见的热塑性塑料如聚乙烯、聚氯乙烯、聚苯乙烯、聚丙烯、有机玻璃、聚酰胺、ABS、聚碳酸酯、聚酯、聚甲醛、聚苯醚、聚氨酯、聚砜、聚四氟乙烯等。

(2)热固性塑料。热固性塑料是由加热硬化的合成树脂制得的塑料。这类塑料的合成树脂分子结构的支链型呈网状,在开始受热时其分子结构为线型或支链型,因此可以软化或熔融,但受热后这些分子逐渐结合成网状结构(称之为交联反应),成为既不熔化又不溶解的物质(称为体型聚合物)。此时,即使加热到接近分解的温度也无法软化;而且也不会溶解在溶剂中。常见的热固性塑料如酚醛塑料、氨基塑料、环氧树脂、脲醛塑料、三聚氰胺甲醛和不饱和聚酯等。

汽车上常用的塑料类型及用途见表9-1。

汽车用塑料类型及用途　　　　　　　表9-1

塑料代号	名　称	热变形温度	汽车上的用途	属性
EP	环氧树脂		玻璃钢车身板	热固性
UP	不饱和聚酯	60~205℃	玻璃钢车身板	热固性
TPUR	热固聚氨酯		保险杠、防石板、填板	热固性
ABS	丙烯腈-丁二烯-苯乙烯三元共聚树脂	70~107℃	车身板、仪表台、护栅、前照灯外罩	热塑性
PP	聚丙烯	80~100℃	内饰板、内衬板、内翼子板、面罩、散热器、挡风帘、仪表台、保险杠	热塑性
PVC	聚氯乙烯	55~75℃	内衬板、软质填板	热塑性
PC	聚碳酸酯	120~150℃	护栅、仪表台、灯罩	热塑性
PUR	聚氨酯	107~204℃	保险杠、前后车身板、填板	热塑性
EPDM	乙丙三元共聚物		保险杠冲击条、车身板	热塑性
PE	聚乙烯	42~82℃	内翼子板、内衬板、帷幔板、阻流板	热塑性
TPR	热塑橡胶	60℃	前轮罩板	热塑性
PA	聚酰胺	46~108℃	外装饰板	热塑性
PS	聚苯乙烯	88~110℃	内饰件	热塑性
ABS/MAT	含玻璃纤维的强化ABS	70~107℃	车身护板	热塑性
PPO	聚苯醚	90~170℃	镀铬塑件、护栅板、前照灯罩、遮光板、饰品	热塑性

2）塑料的鉴别方法

塑料件在维修涂装之前，必须弄清楚塑料件的种类，以便确定其选用的涂料和维修方法。常用的汽车车身塑料产品的鉴别方法有：

（1）查看塑料件上的ISO代号。一般正规厂家生产的塑料件在工件背面或边角都会印上ISO国际符号标识，也就是塑料代号，在零件拆下后就能看到（图9-3）。

（2）查看维修手册。无ISO标识时，可通过查找车身维修手册，查看部件的塑料种类（图9-4）。

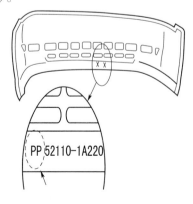

图9-3　塑料件背面的类型代号

图9-4　维修手册

(3)燃烧鉴别。切下一小片塑料,用镊子夹住在火中燃烧,查看其火焰颜色、燃烧情况及闻气味。如 PS(聚苯乙烯)塑料容易被点燃,火源移开后能继续燃烧,有黑烟释放;PP(聚丙烯)塑料也容易被点燃,火源移开后能继续燃烧,但火焰颜色与 PS 塑料不同,且没有黑烟;PVC(聚氯乙烯)塑料受热后易熔化,燃烧时火焰呈绿色或青色,有盐酸味;聚烯烃类塑料在燃烧时的火焰没有明显的烟雾,有蜡的气味;聚酯酸纤维素类塑料经点燃后有醋酸味。ABS(丙烯腈-丁二烯-苯乙烯三元共聚树脂)塑料不容易被点燃,燃烧时有明显烟雾产生(图9-5),但当火源移开后会熄灭。

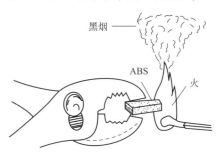

图 9-5　ABS 塑料燃烧试验

(4)焊接鉴别。用不同类型的塑料焊条与塑料进行试焊接,能与之焊合的即为此种焊条类型的塑料品种。

(5)敲击鉴别。用手敲击塑料制品内侧,PU 塑料声音较弱,PP 塑料声音较脆。

(6)其他简易鉴别方法。PU 塑料用砂纸打磨后没有粉末,而 PP 塑料有粉末;PU 塑料易被划伤,PP 塑料不易划伤等。也可以把塑料放在水上,能浮起的一般是 PP、PE 塑料,但 PP 塑料较硬,PE 塑料较软。

3　塑料涂装的目的和特点

塑料制品本身不会生锈、易于着色,本身就有抗腐蚀性及装饰性能,那么为什么还要进行塑料件的涂装呢?在塑料件上涂装与在普通底材上涂装有什么不同呢?

1)塑料涂装的目的

(1)提高装饰性能。塑料虽然能够着色(整体着色),但现代涂料多采用有机颜料或珠光颜料,成本较高,且不易与钢铁件涂膜制成同样的效果。用装饰性涂料在塑料件表面涂装一薄层涂膜,可以提高塑料件的装饰性能和配套性能。

(2)增强保护性能。塑料种类很多,其耐紫外线、耐氧、耐水、耐溶剂和耐化学物品腐蚀的能力,及耐磨性和力学性能等各不相同。一般使用于车身外部的塑料件其耐候性能要求很高,但能满足要求的塑料品种不多。因此采用塑料件上喷涂一层耐候性、耐化学品性能、抗石击性能良好的涂料来进行保护,可以很好地满足使用的要求,延长塑料件的使用寿命。

(3)提供特种功能。在塑料制品表面涂布特种功能的涂料,可以将特种涂料的功能移植到塑料表面,扩大塑料的应用范围。如在塑料上喷涂阻燃涂料可以提高塑料的防火性能;在塑料上喷涂发光涂料可以使塑料具有荧光功能;在塑料上喷涂防划伤涂料可以提高塑料的抗划伤性能等。

2)塑料涂装的特点

汽车塑料种类繁多,但很多塑料极性小、结晶度高、润湿性差和表面光滑,导致涂料在塑料表面的附着不牢。像聚氟乙烯、聚乙烯、聚丙烯等塑料,它们的结晶度就很高,极性很小,无法在其表面直接涂漆。对于结晶度低或表面极性大的聚苯乙烯、ABS、酚醛塑料等,经过适当表面处理后才能提高涂膜附着力和涂层质量。

汽车塑料件涂装时，一般采用塑料件专用涂料进行涂装，或者对表面进行适当处理后用普通的涂料进行装饰。各类塑料件适用的涂料品种见表9-2。

各类塑料的适用涂料品种 表9-2

序号	塑料类别	适用的涂料品种
1	环氧树脂	大部分涂料适用
2	聚氨酯	醇酸涂料、聚氨酯涂料
3	聚酯（玻璃钢）	聚氨酯涂料、环氧涂料、丙烯酸涂料
4	聚氯乙烯	聚氨酯涂料、丙烯酸涂料
5	聚碳酸酯	丙烯酸涂料、有机硅涂料、聚氨酯涂料、氨基涂料
6	聚乙烯	环氧涂料、丙烯酸涂料、无规氯化聚丙烯涂料
7	聚丙烯	环氧涂料、丙烯酸涂料、聚氨酯涂料
8	聚苯乙烯	丙烯酸涂料、硝基涂料、环氧涂料
9	ABS	环氧涂料、硝基涂料、丙烯酸涂料、酸固化氨基涂料、聚氨酯涂料
10	聚丙烯酸酯（有机玻璃）	丙烯酸涂料、有机硅涂料、聚氨酯涂料
11	醋酸纤维素	丙烯酸涂料、聚氨酯涂料、醋酸纤维素涂料
12	尼龙	丙烯酸涂料、聚氨酯涂料、氨基涂料
13	酚醛树脂	聚氨酯涂料、环氧涂料、氨基涂料
14	醇酸树脂	醇酸涂料、硝基涂料
15	氨基树脂	聚氨酯涂料、丙烯酸氨基或醇酸氨基涂料
16	聚醋酸乙烯及其共聚树脂	乙烯涂料

❹ 塑料件表面的前处理方法

由于塑料件表面存在如油污、蜡脂、脱模剂、静电、应力、极性、粗糙度、湿润性等问题，所以在涂装前必须要进行合理的处理，才能保证后续涂层的涂装质量。塑料件常用的表面前处理方法有以下几种。

1）脱脂处理

塑料表面的油污、蜡脂及脱模剂等会大大降低涂料的附着力和引起涂膜缩孔等弊病，因此在涂装前必须彻底清除干净。常采用的方法有溶剂脱脂和碱性水溶液脱脂。

（1）溶剂清洗。采用溶剂清洗对塑料件的脱模剂和油污的去除特别有效，溶剂清洗除了将油污、脱模剂溶解除去，使表面形成凹凸不平的状态外，还有溶胀的作用。溶胀作用使塑料表面聚合物发生松弛，涂料分子在扩散作用下，部分线型端部进入了塑料的聚合物内部。待溶剂挥发后，塑料表面收缩恢复为原态，而涂料的线型端部被紧束在塑料表面上，发生"锚固"作用，从而增加了涂料对塑料的附着力。

（2）碱液清洗。用碱水溶液对塑料进行脱脂处理，也可提高塑料表面的涂膜附着力。对于其有极性的塑料，处理时随着碱的浓度升高和温度升高，其附着力有升高的趋势。在有机胺类的水溶液中加入少量烷基苯磺酸用于处理聚碳酸酯塑料,能改善其润湿性,提高涂膜的附着力。

2)退火处理

塑料成型时一般采用高温注塑,冷却过程中易形成内应力。如果在涂装时与溶剂接触,产生溶胀,则在应力集中处容易产生开裂。为了消除内应力,防止开裂,一般在脱脂清洗以后,将塑料件加热到低于热变形的温度下并维持一定时间,这就是退火处理。一般塑料件在经过物理或化学处理后要进行烘干,在烘干的过程中就完成了退火处理的过程。

3)静电除尘

由于塑料是绝缘体,容易产生静电,易吸附灰尘,用表面活性剂溶液清洗,虽然也有除尘和除静电的作用,但在洗涤和干燥过程中,还可能再次粘上灰尘,因此在涂装之前常用离子化的空气来除尘。用压缩空气通过装有高压电极的喷嘴,利用电晕放电使空气电离,离子化的空气喷到塑料表面,中和灰尘电荷,因而容易被清除掉。

4)化学处理

塑料件表面通过采用适当的化学物质,如酸、碱、溶剂、氧化剂、聚合物单体等对其进行处理,使其表面发生氧化化学变化形成活性基团,或选择性地除去表层低分子成分、非晶态成分,使表面粗化具有多孔性,从而改善涂料在塑料表面上的附着力。如酸性液氧化处理法是通过铬酸、硫酸混合液对塑料表面氧化导入亲水性官能团和其他官能团,从而提高了塑料表面的润湿性,同时使表面刻蚀为有控制的多孔性结构,达到了提高表面附着力的目的。

塑料件表面处理的程度和均匀性,是保证涂装质量的关键。通常检查塑料表面处理质量的方法是将处理过的塑料件浸入水中,取出后观察水膜的完整情况和破裂时间进行衡量。水膜均匀润湿,则证明处理程度好。或滴上水滴,水滴的扩散程度越好,表明处理越好。

二 任务实施

1 准备工作

1)主要工具设备的准备

塑料件的涂装主要用到的工具设备有:喷漆房、空气压缩机及空气分配管道、油水过滤器、喷枪、风枪、喷涂支架、刮刀、调漆比例尺、烤灯、砂轮机、干磨系统等。

2)主要材料的准备

(1)塑料清洁剂。主要是用来清除塑料脱膜剂或其他污染物的,功能类似于塑料除油剂。

(2)塑料静电消除液。主要是防止塑料表面静电的聚集,确保表面无灰尘。

(3)塑料底漆。主要是用于塑料材质表面,增强塑料表面的附着力。由于塑料种类繁多,性质差别很大,所以塑料底漆也有很多品种,分别适用于不同的塑料表面,在选用时一定要根据塑料的材质选择相应的塑料底漆。

（4）塑料柔软剂。也称塑料增塑剂，主要是为了提高涂膜的柔韧性使之能很好地附着于塑料表面。使用了塑料柔软剂的涂膜耐冲击强度、弯曲性能、延伸率、附着力等物理性能都有所提高，但涂膜抗张强度、硬度、耐热等性能则有所下降。塑料柔软剂的使用必须按照产品技术说明进行施工，添加过多会导致涂膜过软及失光，添加过少会导致涂膜龟裂。

（5）减光剂。也称哑光剂，主要是用于降低面漆的光泽以达到所需的低光泽效果。

（6）塑料原子灰。主要用于填平或填充塑料件上的不平及划痕、孔洞等。

2 新塑料件的涂装

新塑料件一般外形较好，涂装时主要是各个涂层涂料的选择及喷涂，其一般涂装步骤如下：

（1）穿戴好合适的劳保防护用品。

（2）贴护好需要保护的部位和部件。

（3）检查新塑料件表面是否有底漆。

通过直接观察或是利用砂纸打磨的方法看表面是否喷涂过底漆，如果有底漆可以先用P320～P400号左右的菜瓜布进行适当粗化，再清洁除油，然后进入步骤（9）中涂底漆的涂装。如果没有底漆，说明之前没有处理过，需要进入步骤（4）进行操作。

（4）清洁、粗化塑料件表面。规范厂家生产的塑料制品在出厂前一般都经过化学、物理方法处理，改善了塑料的极性、应力、湿润性及附着力等，所以在维修涂装前主要的表面前处理工作是进行清洁和粗化。清洁、粗化的一般方法是：

①根据塑料清洁剂的使用说明调配好清洁溶液。如某品牌的P273-1333塑料清洁剂使用时需要与水1:1进行混合稀释。

②用约P320号左右的菜瓜布蘸调配好的清洁溶液轻轻地仔细打磨塑料表面，让塑料表面产生一定的粗糙度，同时也除掉塑料表面的油污及脱模剂等。

③全部打磨完成后，用清水冲洗干净清洁溶液，再用风枪吹干工件。

（5）检查塑料表面是否有缺陷。

如果没有缺陷，表面平整光滑则可以直接进入步骤（7）塑料的清洁除油。如果有缺陷则需进入步骤（6）进行操作。

（6）修整、填补塑料表面的缺陷。

①如果塑料件表面有毛刺，可以用砂纸或刀片，磨平或削平塑料表面。

②如果表面有划痕或轻微不平，可以用塑料原子灰进行填补，干燥后打磨平整，如图9-6所示。

提示：因为大多数塑料件的附着力比较差，如果在其上面直接刮涂普通原子灰，则很容易脱落，所以塑料件上要采用专用的塑料原子灰进行填补。

（7）确定塑料件表面没有任何缺陷之后，用塑料件专用除油剂清洁干净工件表面（图9-7），并用粘尘布粘干净工件表面的浮尘。

图9-6 打磨

图9-7 清洁除油

(8)对新塑料件表面进行底漆的施工。塑料底漆的涂装要根据塑料件的材质选择合适的塑料底漆产品,根据涂料产品说明进行调配和施工。如某品牌的P572-2001单组分塑料黏附底漆的使用说明见表9-3。

塑料底漆的使用说明　　　　　　　　　表9-3

P572-2001单组分塑料黏附底漆施工工艺	
适用范围	P572-2001单组分塑料黏附底漆是一种透明、快干的单组分底漆,适用于除了对溶剂敏感的各种可喷涂塑料材质表面
	不用稀释,直接使用
	喷嘴口径:1.3~1.5mm 喷涂压力: 　传统型喷枪压力:270~330kPa 　HVLP型喷枪压力:150~200kPa
	连续喷涂两个单层
	风干(20℃):10min
重涂	风干之后无须打磨,可直接喷涂中涂底漆或面漆

(9)对新塑料件表面进行中涂底漆的施工。

①选择合适的中涂底漆品种,按规定调配好涂料。

喷涂好塑料底漆的工件,可以选择常用的双组分中涂底漆进行施工。值得注意的是,如果工件比较软容易变形,则需要在双组分中涂底漆里面添加适量的塑料柔软剂,以增强涂膜的柔韧性。不同品牌的柔软剂使用方法各有不同,如某品牌的 P100-2020 柔软添加剂的使用方法见表9-4。

塑料柔软剂的使用说明　　　　　　表9-4

P100-2020 柔 软 添 加 剂 使 用 指 南	
注意:添加柔软添加剂会延长干燥时间	
塑料材质	软质塑料工艺 / 特软质塑料工艺
	双组分面漆或底漆　5份　　　双组分面漆或底漆　2份 P100-2020　　　　　1份　　　P100-2020　　　　　1份
	按照常规比例添加固化剂和稀释剂　　按照常规比例添加固化剂和稀释剂

②对整个工件表面喷涂 2~3 个正常涂层,表面平整光滑,有一定膜厚即可。

③采用自然干燥或烘烤干燥的方法进行干燥。

由于塑料件容易受热变形,所以在采用烘烤干燥时特别注意烘烤温度不要超过 70℃,烤灯离工件距离不要小于 80cm,烘烤时间不能过长。有些中涂底漆可以采用"湿碰湿"的工艺,不需要等表面完全干燥,不需要打磨就可直接喷涂面漆,如某品牌的 P565-777 超能免磨底漆涂层闪干后即可直接喷涂面漆,在选用时可根据情况合理选择。

④用 P400 或 P500 砂纸配合双作用打磨机打磨中涂底漆,对于边角或不好打磨部位建议采用较细型号的菜瓜布进行打磨。如果是采用水磨,建议使用 P600~P1000 水磨砂纸。

⑤仔细检查每一个部位,确保所有需要喷涂面漆的部位都打磨到位并打磨至平整光滑。

提示:有的厂家在喷涂有纹路的塑料件时,为了避免喷涂过厚影响纹理,有时建议在塑料底漆上直接喷涂面漆。但是当使用的是透明的塑料底漆,且面漆遮盖力也较差时,为了避免色差,就需要喷涂一层中涂底漆。

(10)对新塑料件表面进行面漆的施工。

①清洁干净工件表面(图9-8)。

②根据所喷面漆类型和使用方法调配好涂料。面漆可以选择在车身上使用的修补涂料类型,对于较软塑料应该在调配涂料时加入适量的塑料柔软剂。

提示:对于双工序或三工序涂层,塑料柔软剂要添加在罩光清漆里面。色漆由于涂层较薄,有很好的柔韧性,所以不需要添加。

③按照一般工件上的喷涂方法进行面漆的喷涂(图9-9)。

(11)对新喷涂的面漆进行干燥和修整。

①采用自然干燥或利用烤灯、烤房烘烤干燥面漆。注意烘烤时的温度不要超过 70℃,否则温度过高容易导致塑料变形。

图9-8 吹尘

图9-9 喷涂

②当涂膜完全干燥之后检查涂层表面存在哪些缺陷。如果缺陷较严重,需要重新喷涂的应该进行返工处理。如果可以通过抛光打蜡处理的,如尘点、流痕等,应该先用P1500~P2000水磨砂纸将缺陷打磨掉,将涂层打磨平整,然后再用抛光机或手工进行抛光打蜡处理。

提示:添加了塑料柔软剂的涂膜一般较软,在使用抛光机进行高速旋转打磨漆面时,容易因为温度过高损坏涂层,所以对于此类涂层尽量使用低速旋转或手工抛光打蜡的方式进行处理。

③清洁干净工件表面,完成整个塑料件的涂装工作。

3 塑料件的维修涂装

塑料件的维修涂装特指之前有过涂层的涂装,只是部分涂层出现损坏的情况。它的一般操作步骤如下:

(1)穿戴好合适的劳保防护用品。

(2)清洁、检查损伤部位,鉴别旧涂层涂料类型及塑料种类。

由于现在汽车保险杠上一般喷涂的是双组分涂料,所以在鉴别时主要是检查原涂层的硬度及面漆施工工序即可。汽车保险杠一般采用聚酯系和聚丙烯系类塑料,如果有裸露部位,最好先擦涂一薄层塑料底漆再刮涂塑料原子灰。

(3)评估损坏程度,确定维修范围,并对相关部位及部件进行贴护。

(4)用P180~P240干磨砂纸配合7mm双作用打磨机将损伤部位打磨平整光滑(图9-10)。对于有毛刺或稍高的部分用刀片先大致削平再打磨。

(5)在裸露的塑料部位用擦拭布薄薄涂上一层塑料底漆,并进行干燥。如果是附着力较好的塑料件或裸露面积较小,则可以直接刮涂塑料原子灰。

(6)用塑料原子灰填平损伤部位(图9-11)并进行干燥(图9-12)。

(7)选用P120~P240干磨砂纸配合双作用打磨机或手刨打磨平塑料原子灰(图9-13),并将周围需要喷涂的区域用P320~P360干磨砂纸磨毛。

(8)清洁干净工件表面(图9-14),并贴护好需要保护的部位(图9-15)。

(9)对裸露塑料材质的地方薄薄喷涂或擦拭一层塑料底漆。

(10)对损伤部位进行中涂底漆的施工。

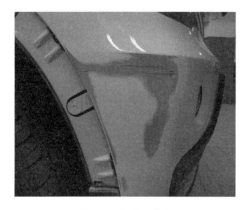
图9-10　打磨羽状边

图9-11　刮涂塑料原子灰

图9-12　烘烤

图9-13　打磨塑料原子灰

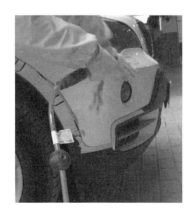
图9-14　吹尘

图9-15　贴护

①选择合适的中涂底漆品种,按规定调配好涂料。中涂底漆可以选择一般常用的双组分底漆,但是如果工件是柔性塑料需要在双组分中涂底漆里面添加适量的塑料柔软剂。

②对需要喷涂的部位薄喷2～3个涂层(图9-16)。

③采用自然干燥或烘烤干燥的方法进行干燥。烘烤时注意烘烤温度和烘烤距离。

④用P400或P500砂纸配合双作用打磨机打磨中涂底漆(图9-17),对于边角或不好

打磨的部位用较细型号的菜瓜布进行打磨。如果是水磨,建议使用 P600~P800 水磨砂纸进行打磨。

提示:在打磨需要喷涂部位与旧涂层接口时,应该采用相当于 P1500 砂纸粗细的菜瓜布与粗打磨膏打磨。

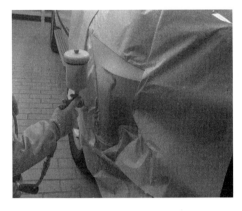

图 9-16　喷涂中涂底漆　　　　　　　　　图 9-17　打磨中涂底漆

⑤仔细检查每一个部位,确保所有需要喷涂面漆的部位都打磨至平整光滑。

(11)对损伤部位进行面漆的施工。

①清洁干净整个需要喷涂的表面和周围区域。

②用纸胶带和遮蔽纸将不需要喷涂的部位保护起来(图9-18)。

③用除油剂对整个施工表面进行彻底的除油,然后用粘尘布擦拭干净表面的浮尘。

④根据所喷涂料类型和使用方法调配好面漆。对于较软塑料应该在双组分面漆中加入适量的塑料柔软剂。

⑤按照一般工件上的喷涂方法进行面漆的喷涂(图9-19)。

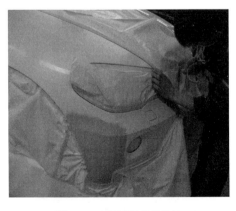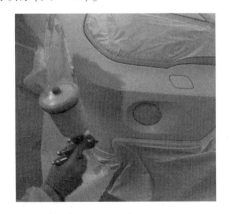

图 9-18　面漆喷涂前的贴护　　　　　　　　图 9-19　喷涂面漆

(12)对新喷涂部位进行干燥和修整。利用烤灯或烤房烘干面漆涂层,然后检查涂层质量,如果有颗粒、灰尘、流痕等表面轻微缺陷,在打磨平整后进行抛光打蜡修整。如果缺陷较严重则需要重新打磨喷涂处理。对于新旧涂层接口处,在抛光打蜡时特别要注意,避免磨破接口,使驳口痕迹更明显。

三 学习拓展

1 塑料件变形的修整

塑料件在受到外力作用下容易发生变形,如鼓起和凹陷等,修正变形的简易方法如下:

(1)将塑料工件取下,用红外线烤灯或其他加热装置加热塑料件的变形部位和周围区域(图9-20)。一般周围需要加热到40℃左右,变形部位需要加热到60℃,保持大约10min时间,大的变形部位将恢复到原来的状态。

(2)按照图9-21所示方法用手修正其余小的变形,直至恢复整个塑料件的表面形状。

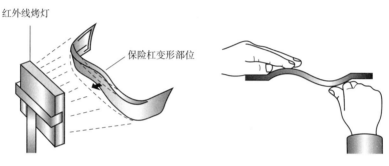

图9-20　加热变形区域　　　　　图9-21　修正变形

2 塑料件裂纹的修整

修正裂纹的方法很多,汽车维修厂常用的方法有使用黏结剂黏结法、塑料焊接法等。保险杠裂纹一般采用双组分环氧树脂黏结剂进行黏结,其一般方法如下:

(1)清洁干净裂纹周围的部位,用较小直径的钻头在裂纹末端钻一个小孔,防止裂纹进一步扩大(图9-22)。

(2)用单作用打磨机将裂纹打磨出V形沟槽(图9-23),用P180砂纸配合双作用打磨机将裂纹周围的油漆涂层磨出羽状边。

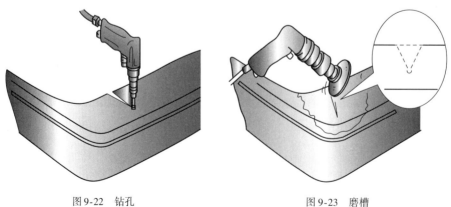

图9-22　钻孔　　　　　图9-23　磨槽

(3)用塑料件除油剂清洁干净裂纹的周围部位,并用擦拭布在裸露塑料的部位涂上塑料底漆。

(4)将黏结裂纹用的黏结剂按产品说明混合好,在规定时间里面涂布到 V 形沟槽中。

(5)为了保证裂纹高度一致,在裂纹背面前端部位固定一块辅助材料(如薄铁板),用夹子压好(图 9-24)。

(6)在涂黏结剂的部位铺上一层玻璃纤维布,并压紧,同时用刮刀将溢出的黏结剂刮到玻璃纤维布上,形成较平的涂层(图 9-25)。

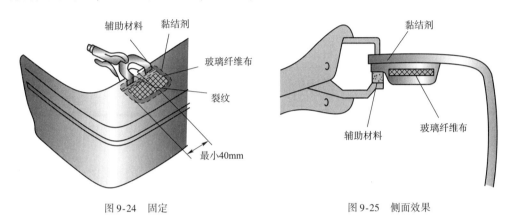

图 9-24　固定　　　　　　　　　图 9-25　侧面效果

(7)使用烤灯加速固化或按黏结剂使用说明中的方法固化后,取下夹子。

(8)用双作用打磨机配合 P120～P240 砂纸打磨涂过黏结剂的部位,使其大致恢复原来的表面形状。

四　评价与反馈

1 自我评价

1)理论知识掌握情况

(1)塑料是由哪些物质组成的?它有哪些特性?

(2)塑料涂装的目的是什么?塑料涂装与一般金属涂装有什么不同?

(3)常用的塑料件表面前处理方法有哪些?

2)实践技能掌握情况

(1)劳保防护用品的选择。请根据表 9-5 所示内容,在相应的防护用品下面打"√"。

汽车塑料件涂装工作中的劳动保护　　　　　　　　　　　　　表 9-5

工序	推荐的涂装工防护用品									
清洁										
除油										
打磨										
喷涂										

（2）汽车塑料件的涂装规范工艺流程。请根据本节所学知识，完成表 9-6 所示内容。

汽车塑料件的涂装工艺流程　　　　　　　　　　　　　表 9-6

序号	主要操作步骤	所需主要工具、设备及材料	技术或质量要求

（3）请对本学习任务的学习内容及学习效果进行总结。

签名：_____　　　___年_月_日

2 小组评价

根据表 9-7 的评价项目对小组的任务实施情况做出评价。

小组评价情况表　　　　　　　　　　　　　表 9-7

序 号	评 价 项 目	评 价 情 况
1	着装是否符合要求	
2	是否能合理规范地使用仪器和设备	
3	是否按照安全和规范的流程操作	
4	是否遵守学习、实训场地的规章制度	
5	是否能保持学习、实训场地整洁	
6	团结协作情况	

参与评价的同学签名：_____　　　___年_月_日

3 教师评价

教师签名：_____   ___年__月__日

五 技能考核标准

汽车塑料件的涂装技能考核标准表见表9-8。

汽车塑料件的涂装技能考核标准表   表9-8

序号	项 目	规定分	评 分 标 准	得分
1	新塑料件的涂装	50分	未正确穿戴防护用品扣1分/次	
			设备选择不当扣3分/次；使用不规范扣2分/次；维护不及时扣1分/次	
			材料选择不当扣3分/次；使用不当扣2分/次	
			清洁除油不彻底扣2分/次；底材有缺陷未正确处理扣5分/处	
			底漆调配及施工方法不正确扣5分/项；喷涂不均匀扣2分/处	
			中涂调配及施工方法不正确扣5分/项；喷涂不均匀扣2分/处；打磨不均匀扣2分/处	
			面漆调配及施工方法不正确扣5分/项；喷涂不均匀扣2分/处	
			面漆修整方法不正确扣3分/次，提交工件后有明显缺陷扣2分/处	
			设备设施摆放不整齐扣1分/次；使用过的材料处理不当扣2分/次；场地不干净扣1分/次	
2	旧塑料件的维修涂装	50分	未正确穿戴防护用品扣1分/次	
			设备选择不当扣3分/次；使用不规范扣2分/次；维护不及时扣1分/次	
			材料选择不当扣3分/次；使用不当扣2分/次	
			清洁除油不彻底扣2分；除旧涂层不彻底扣2分；羽状边不规范扣5分	
			刮涂不平整扣1~5分（视情况而定）；打磨不平整扣1~10分（视情况而定）	
			中涂调配及施工方法不正确扣3分/项；喷涂不均匀扣2分/处；打磨不均匀扣2分/处	
			面漆调配及施工方法不正确扣5分/项；喷涂不均匀扣2分/处	
			面漆修整方法不正确扣3分/次，提交工件后有明显缺陷扣2分/处	
			设备设施摆放不整齐扣1分/次；使用过的材料处理不当扣2分/次；场地不干净扣1分/次	
	总分	100分		

参考文献

[1] 王锡春. 最新汽车涂装技术[M]. 北京:机械工业出版社,1997.
[2] 吴兴敏,马志宝. 汽车涂装技术[M]. 北京:人民邮电出版社,2009.
[3] 程玉光. 汽车涂装技术[M]. 北京:人民交通出版社,2005.
[4] 中国汽车维修行业协会. 车身涂装[M]. 2版. 北京:人民交通出版社,2014.
[5] 易建红. 汽车涂装工艺[M]. 北京:人民交通出版社,2012.
[6] 吴复宇. 汽车涂装技术[M]. 北京:中央广播电视大学出版社,2006.